ÁBRETE, SÉSAMO

Martín López-Vega

ÁBRETE, SÉSAMO

POEMAS NUEVOS Y ESCOGIDOS
(1994-2024)

Prólogo de *Luis García Montero*

RENACIMIENTO
SEVILLA • MMXXV

www.editorialrenacimiento.com
POLÍGONO NAVE EXPO, 17 • 41907 VALENCINA DE LA CONCEPCIÓN (SEVILLA)
tel.: (+34) 955998232 • editorial@editorialrenacimiento.com

Fotografía: Daniel Mordzinski
Diseño de cubierta: Marie-Christine del Castillo

DEPÓSITO LEGAL: SE 3060-2024 • ISBN: 979-13-87552-22-0
Impreso en España • Printed in Spain

NO ECHES DE MENOS
UN DESTINO MÁS FÁCIL

UTILIZAR una contraseña como título de una antología es sin duda oportuno. Una antología personal intenta ofrecer lo condensado a lo largo de los años en un mundo poético, un modo de abrirle las puertas al lector para que entre en la cueva de los secretos o en la casa de las ilusiones preferidas. Como un Alí Babá literario, el lector de *Ábrete, Sésamo* puede encontrar el fruto de una dedicación. No se trata de robos, sino de la necesidad humana de apropiarse de ideas y sentimientos decisivos para la existencia, hallazgos o incertidumbres relacionados con la memoria, el amor, la muerte, los descubrimientos y las pérdidas. Somos una reunión de mapas y calendarios. Somos algo más.

En uno de sus poemas, Martín López-Vega recuerda un verso de «Peregrino», uno de los alegatos más personales de Luis Cernuda: «No eches de menos un destino más fácil». Creo que Martín apunta a la raíz de su propia labor desde que empezó a escribir a principios de los años 90, y quizá también a un modo de reconocer la mejor herencia que nos ha dejado la poesía del siglo xx. Conocerse en las palabras del poema, reconocerse, es una apuesta personal de diálogo con el conflicto, con la conciencia, una forma de aceptar las tensiones más íntimas sin asumir las soluciones fáciles y el recurso de las salidas falsas.

Pensar en uno mismo puede significar convertirse en un peregrino, alguien marcado por la búsqueda al sentirse extranjero en su propia ciudad. Un destino que se parte con frecuencia entre la decisión de quedarse y de marchar. Comprender el desarraigo en el propio interior es un asunto serio cuando ya antes se ha comprendido que uno mismo es la única raíz, el hilo extendido entre lo que se es y lo que se quiere ser, el nunca o el siempre, el ya o el después. Los recuerdos de una infancia difícil, los matices decisivos que separan lo que recordamos y lo que no podemos olvidar se tensan, no apagan el deseo del peregrino que recorre el mundo. Son más bien el motivo de sus búsquedas, llenan el pasado y el futuro de preguntas, y colocan en el día a día un paréntesis que sugiere su fragilidad. La mirada del poeta es entonces una experiencia parecida a la que siente el viajero cuando se disipa la niebla y puede ver aquello que estaba a su lado, aunque permanecía oculto. En el camino que somos descubrimos la estrategia de las imaginaciones, los recursos nacidos de la memoria y los interrogantes sobre el futuro. La poesía de Martín López-Vega a lo largo de sus libros responde a un culturalismo vitalista, se llena de escenas, ciudades, apariciones de otros poetas, pintores, músicos, acontecimientos históricos, monumentos, porque su peregrinar y su búsqueda recorren caminos llenos de huellas, referencias que forman parte de su propia vida. De ahí que su música no suene a culturalista y encubra la habilidad rítmica para albergar las citas en la naturalidad de una conversación o de un monólogo en la propia soledad. Sus lectores podemos pasear con él por el Gianicolo, por la Via dei Portoghesi, sentarnos luego en el Caffè Gotico, para acabar alejándonos de la belleza exterior, enfrentados a una realidad íntima: «Me tengo a mí, todo cuanto ya no tengo. / Solo soy los que ya nunca seré».

La pulsión del peregrino no puede resolverse en la calma o en el naufragio porque los caminos invitan a reconocer que no se es feliz, pero sin renunciar al deseo de no ser desdichado. La memoria nos devuelve errores y aciertos, pero la poesía sobrepasa la dinámica del arrepentimiento y la alegría. Se hace inevitable su apuesta por una pretensión de conocimiento. Desde los primeros poemas, desde *Travesías* (1997) o *La emboscada* (1999), la memoria no se resuelve en afirmación, sino en pregunta: «¿Quizá tú encontraste lo que esperabas?». La aceptación de un secreto entre las razones y los sentimientos: «Unos versos que encierran como un símbolo / todo aquello que, aun sin entender, amo». Sí, son preguntas que insisten en el peregrino:

> *¿A dónde pretendes llegar? ¿A un palacio*
> *de jade? ¿A una montaña de luz?*
>
> *¿A dónde quieres huir?*
> *El fantasma está en tu corazón.*

Esta falta de orientación en un camino no prefijado acaba por convertirse en una oportunidad para la poesía, un motivo de conocimiento y de interiorización. Cuando se sabe con certeza lo que se busca, es muy fácil no encontrar nada. Mejor atender en cada decisión al conflicto original de las vocaciones peregrinas: negarse a un fatalismo pasivo y no caer en las esperanzas ingenuas. Ser un *Adulto extranjero* (2020) supone recapitular, comprender que «cada casa en la que he vivido / medía tanto como mi soledad», y caminar por las ciudades o por los amores perdidos, heredando la conciencia del hombre de la multitud de Poe y Baudelaire. Pero la experiencia de la deshumanización se convierte aquí en una pregunta: «¿Habrá más verdad que ser persona / entre la muchedumbre?». La vida puede ser un perpetuo conjunto de soledades o un camino en busca de otra oportunidad. Sin doblegarse a la mentira o el optimismo ingenuo, resulta posible dejarle un resquicio a la esperanza. Se trata de caminar, de viajar…, no de huir. La poesía enseña que para conocerse hay que saber mirarse desde lejos. Y conocerse, sostener un ejercicio de conciencia, es necesario en el mundo de hoy. Ya que hablamos de muchedumbres, conviene advertir que el poder está cambiando su antiguo maniqueísmo. En vez de distinguir entre buenos y malos según su moral establecida, ahora se dedica sin moral a facilitar un orden pragmático del caos que divide al mundo entre los que no sirven y los aprovechables. Así que resulta necesario sostener nuestra mirada sobre los demás en una opinión propia.

Aunque nos alejemos de la plenitud, conviene buscar una respuesta en la poesía y en la vida. Conviene procurar una modesta felicidad y pedirle a la poesía que, después de reconocernos como un cruce de caminos, nos permita presentar una casa capaz de cuidarnos. Y que nos ofrezca un parte meteorológico para la Arcadia y sus alrededores. Verdad es que nada es para siempre, que nuestro destino incumple todos los horarios, que podemos hacernos personas sin saber lo que queremos ser, que es más fácil sentirse feliz en las ciudades que conocemos mal... Pero la poesía no se acomoda a la renuncia y su forma de rebeldía pone en marcha «El tren de los escépticos optimistas». Este poema incluido en *Gótico cantábrico* (2017) acaba apropiándose de la figura humana de Lázaro: «Levántate y anda no es un milagro: / es el oficio de toda nuestra estirpe». En su libro anterior, *La eterna cualquiercosa* (2014), en un conmovedor poema dedicado a su madre, «Una manzana para Margarita», se reconoce que al otro lado de la orilla no queda nadie, que no hay árboles en el más allá. Pero nos queda la memoria de la persona que nos enseñó el nombre de todos los árboles y nos dio la mano para cruzar el río, la persona que nos hablaba del mundo y entonaba la canción de la manzana: «Para eso sirve el poema / para traer de nuevo aquella manzana / y atraparla antes de que caiga por el hueco de los tablones». La memoria se abre también a la amistad, como en el poema «Yendo a casa de Xuan Bello con unas semillas que le traigo de Portugal», una experiencia que permite la sucesión del movimiento en lo que resulta estable, porque «todo lo hacíamos entre todos». Ese todos en comunidad es la respuesta a la deshumanización que hace de las muchedumbres un conjunto de soledades.

No es posible la pausa, la vida es así, con su bienaventuranza y sus amarguras, todo debe continuar, y los poemas dedicados a «Mi abuela: poesía completa», y a su madre y a su abuelo son los que hacen posible después las palabras que escribirá para el hijo. En la habitación preparada para una infancia dormirá un hijo, pero también todos los recuerdos que han ido formando una historia de vida, la propia historia que se abre a la sorpresa. Porque en la «eterna novedad del mundo» resulta posible la aparición del amor esperado, del buen amor, como nos cuenta «Las ciudades del lago», el poema que abre

Y el todo que nos queda (2023). Las neblinas de las ciudades extrañas se disipan, la memoria deja de trabajar por lo difícil y asume una aparición real, un deslumbramiento que a mí, como lector, me recuerda los versos que Rafael Alberti escribió cuando apareció en su vida María Teresa León. La celebración se remonta hasta Lope de Vega, «siempre mañana, y nunca mañanamos», para desmentir las esperanzas inútiles de una vida anterior:

> *Y en medio de la calle*
> *de la vida estabas esperando tú,*
> *con tu sonrisa que anunciaba*
> *la eterna novedad del mundo,*
> *el infinito renovarse de la alegría,*
>
> *y juntos mañanamos.*

No se trata de renuncia, ni del olvido de las dificultades. Los barcos han permitido llegar a buen puerto en la navegación de la vida. El amor viaja con el poeta, llena de sentido las ciudades extranjeras. Mira los barcos en los muelles de Lima: «llegan por fin a su destino». La poesía encuentra un sentido a la espera y la búsqueda cuando el poeta mira a «Nicole y la lluvia»: «Cuando arrecia el temporal y se quita los zapatos para caminar descalza, / la tarde declara que nada en ella es prosa».

¿El amor significa el final del peregrinaje? Más bien supone un seguir camino, pero ahora no desde el yo desarraigado, sino desde un nosotros que le da sentido a la vida. En esta antología Martín López-Vega nos da a conocer un libro inédito que sirve para testimoniar que el camino sigue, porque la realidad vivida es inseparable de la realidad heredada. Continúa el diálogo entre el siempre, el ya y el nunca, lo personal y la comunidad, el miedo y la ilusión, la vida y la muerte. Ese es el diálogo entre la tradición y la originalidad (a veces una tradición viva de experiencias compartidas, a veces una originalidad que nace muerta), el diálogo con Antonio Machado, Eugénio de Andrade, Adam Zagajewski, el abrazo entre las huellas y las preguntas, un culturalismo vivo que necesita responder a la realidad con una esperanza sin ingenuidades. Martín sabe que los peores poetas son los que eligen el estribillo antes que la verdad y olvidan el testamento de Judas. Quien quiso encontrar un árbol, una ciudad, un día, un amor, necesita después del encuentro seguir en la búsqueda, seguir con su destino de poeta, esquivar las puertas de Jerusalén. Ha aprendido una lección del dolor: no engañarse, no sacrificar el pan por el alma ni el alma por el pan.

Pero ahora el caminar se sostiene en un nosotros, las ciudades no son ajenas, y eso también lo celebra la poesía:

De pronto no era Buenos Aires, era Madrid,
pero había un lago y a la orilla
estabas tú con nuestro hijo.
Cuando yo llegué junto a vosotros
llevaba un puñado de monedas del año del perro,
y mientras una bandada de grullas abrevaba
arrojé una al agua que dibujó círculos concéntricos
con forma de gota y nazar.
Y no hizo falta despertar,
porque estar juntos es nuestra forma de estar despiertos.

Coherente, aliado de sí mismo y de sus dudas, responsable de sus versos, sus conflictos y su mundo, el poeta sigue preguntándose. Procura defenderse contra el mal de ojo. Será un peregrino con refugio propio, atento a la suerte, a los correlatos objetivos, a un mundo en el que hay quien mata y hay quien muere. Observa, por ejemplo, a unos niños que juegan entre las ruinas de la Acrópolis. No pueden intuir lo que significan unas ruinas, los robos, el paso del tiempo, el simbolismo que encarnan las cigarras, las hormigas y el sésamo en las fábulas de la existencia. El poeta tardó en encontrar la contraseña que le permitiese acercarse al secreto. Es el secreto que lleva consigo siempre, como otros llevan un juego o un libro, según nos cuenta el poema que da título a esta antología, «Ábrete, Sésamo». Una contraseña, eso le ha dado la poesía, libros hechos vida, y eso nos ofrece a sus lectores, vida hecha libros. Por muchos motivos, ni siquiera el amor cierra los ojos. Conviene estar despiertos y no echar de menos un destino más fácil. Escribir es asumir el conflicto, negarse a la pausa, pedir vida, solo y siempre vida, con pulpa, con pepitas, con su cáscara amarga: «solo así no es mentira».

Y esa no mentira ayuda a comprender de una forma intensa la alegría.

Luis García Montero

LIBROS DE POESÍA
DE MARTÍN LÓPEZ-VEGA

Objetos robados. Servicio de Publicaciones del Principado de Asturias, Oviedo, 1994.

Travesías. Renacimiento, Sevilla, 1997.

La emboscada. DVD ediciones, Barcelona, 1999.

Mácula. DVD ediciones, Barcelona, 2002.

Árbol desconocido. Visor, Madrid, 2002.

Elegías romanas. La Veleta, Granada, 2004.

Extracción de la piedra de la cordura. DVD ediciones, Barcelona, 2006.

Gajos. Pre-Textos, Valencia, 2007.

Adulto extranjero. DVD ediciones, Barcelona, 2010.

La eterna cualquiercosa. Pre-Textos, Valencia, 2014.

Gótico cantábrico. La Bella Varsovia, Madrid, 2017.

Egipcíaco. Visor, Madrid, 2021.

Y el todo que nos queda (Poemas de amor). Visor, Madrid, 2023.

* * *

Otra vida. Poemas en asturiano 1996-2004. Prensas Universitarias de Zaragoza, 2008 [edición bilingüe].

Retrovisor. Poemas elegidos 1992-2012. Papeles Mínimos, Madrid, 2013.

El uso del radar en mar abierto. Poesía 1992-2019. La Bella Varsovia, Madrid, 2019.

ÁBRETE, SÉSAMO

A Nicole y Bruno,
que abrieron todas las puertas

LA RENUNCIA A JERUSALÉN

CUANDO llegue el día
en que mis pasos perdidos
me lleven a las puertas de Jerusalén
(y ese día llegará:
Jerusalén tiene muchas puertas)
rodearé en silencio sus murallas
cuidándome de no ser visto,
pues pertenezco a la estirpe de los emancipados.

Y no será por amor a los páramos,
sino porque no habrá de faltar allá
quien sienta el deber de arrojarme una piedra
o una maldición fundada.
(No negaré ser merecedor de todo ello:
pero sé bien el nombre de quien tendría
ganado el derecho a infligirme
el mineral y la demanda).

Esquivaré Jerusalén
como he eludido a sus profetas:
nunca se agota el eco de los rezos
ni la promesa de que tras esos muros
se esconde lo que es eterno
solo por ser el reino de la muerte
y de los beatos de la falsa dualidad.
Esquivaré Jerusalén
porque los profetas no son más
que los peores de los poetas,
los que prefirieron el estribillo a la verdad
y olvidaron el testamento de Judas.

Esquivaré Jerusalén porque aprendí con dolor
lo que significan las jerusalenes
y prefiero los sinceros enigmas a las falsas certezas.
Esquivaré Jerusalén porque temo menos
a los cocodrilos del Nilo
que a los cuervos de la fe
y no me asusta la picadura de las abejas
si es la hora de buscar la miel.
No hay sacerdote que pueda enseñarme
lo que me puede decir una piedra del desierto

si lo habito con conciencia
y una muchacha me regala los vientos
y el barro que ensucia mis vestidos
endurece mi piel para caminar bajo el sol.

Esquivaré Jerusalén porque llevo
el amor y la verdad como un sello sobre el corazón.
La esquivaré como se evitan
los destinos que llegan demasiado pronto
o irremediablemente tarde,
como el remolino en el río
o el agujero negro en la galaxia.

Y no es que mis dioses sean el apetito ni el ayuno:
pero no creo que sea necesario
sacrificar el alma por el pan
ni el pan por el alma.

Por eso, esquivaré Jerusalén
y ya a las afueras
evitaré beber el agua del arroyo
que antes cruzó la ciudad
y elegiré la sed

hasta encontrar el límpido manantial
del que solo hayan bebido mis hermanas.

Y allí donde se reunirán
los iluminados de las siete regiones,
los culpables de todos los pecados,
los liberados del mundo,
los que atravesaron el océano del nacimiento y la muerte,
los que amaron sin límites a las criaturas que sufren,
nos reconoceremos.

Igual que la torre nace
de un cubo de tierra,
igual que el largo viaje nace
de un breve paso,
igual que nace el árbol
de un hilo
y la muerte se estrena
con la vida,
así mi camino comenzará
esquivando las puertas de Jerusalén.

ÁBRETE, SÉSAMO

JUEGAN, sin coordenadas de sí mismos,
a la sombra clásica de un olivo,
persiguiendo amodorradas mariposas.
A ellos no les dicen estas ruinas
que pasarán, que pasaremos todos,
que caducará nuestra forma de estar en el mundo
y nuestra lengua se volverá una babélica jerigonza.
No saben que ese caballo que temeroso
asoma la cabeza en lo alto del friso
se lo olvidaron los ingleses, que lo robaron todo.
No saben que las cigarras y las hormigas
se acicalan para representar sus papeles
en una fábula antigua. No saben
que tú has venido aquí
buscando a estas cariátides
de los libros de tu infancia,

esperando que te revelasen al fin
cierto temido secreto.

Pero has tardado tanto en llegar
que lo descubriste por ti mismo.
Un secreto largo,
de sintaxis compleja
y sin una conclusión definitiva.
Un secreto que llevas contigo
como otros acarrean un libro o un juego,
desmadejándolo a cada paso,
viendo cómo cambia
al contacto con los lugares y las horas,
a sabiendas de que es mejor secreto
cuanto más difícil y más largo,
cuanto más indescifrable del todo.

QUESTO NON È UN UFFICIO POSTALE

PERO lo fue,
y por eso tienen que aclararlo en cuatro idiomas
a los turistas que desde el Campidoglio
descienden a ver las ruinas del Foro;
pues el dintel aún declara en piedra
que ese fue el lugar
desde el que enviar postales eternas de la ciudad pasajera.

Y aunque una nota colgada
de la mirada de quienes pasan
diga que ya no sueñan o que sueñan menos,
que hay quien se conforma con un pequeño amor
una vez olvidadas o decepcionadas las grandes pasiones
y quien ya no quiere viajar a Marte ni a Australia,
en el dintel amniótico del alma dirá siempre:
oficina de sueños, departamento de anhelos,
ventanillas del ardor y de la paciencia.

CORBATAS CHECOSLOVACAS
DE SEGUNDA MANO

Vojtech Polák, de Banská Bystrica,
se puso la de círculos azules y grises
para su primera reunión del Partido.
Luego se quedó en el armario
hasta que murió y su nieta lo vendió todo.

Blažej Molnár, de Trnava,
compró la de rayas amarillas
para la boda de su hija
y no volvió a usarla
hasta el día del funeral de su padre.

La granate se la regaló su madre
a Bohumil Tóth, de Levice,
la primera vez que fue a ver el mar:
sabía que era un acontecimiento.

Y Ambróz Balog, de Zvolen,
quemó la azul con su primer cigarrillo
el día del baile.

Ahora cuelgan todas
en una tienda de ropa vieja
al fondo de un callejón
en un patio de Bratislava.

Yo
me compré una de aire oriental
para ponérmela en la estación
mientras los altavoces anunciaban
el tren que partía
con rumbo a Nitra
y yo tarareaba
la obertura *1812* de Tchaikovski:

nunca se sabe lo importante
que puede llegar a ser
decidir no subirse a un tren.

MUERTE DE UN PINTOR

Antes del apagón, muy pocos le conocían.
Pero lo cierto es que ya entonces,
antes de que los museos cerrasen sus puertas
uno a uno, sin ser noticia,
una vez que todos los cuadros,
incluso las más insignificantes obras
de los imitadores menores,
habían sido subidos a la nube
y nadie creía necesario contemplar
los originales; antes de que desapareciesen
las partituras y los conciertos,
y el precio del papel y el adocenamiento
minuciosamente trabajado de las masas
relegasen igualmente clásicos y novedades
a la nube… Ya entonces él, uno de los pocos
que había seguido fabricando sus propios colores
porque era un obseso de la búsqueda

de ciertos pigmentos que probablemente
solo hayan existido en su cabeza
plantados, eso sí, quién sabe por qué recuerdo,
hacía tiempo, decía, que él nos lo había advertido.
Después, cuando ya todo estaba en la nube
y el gobierno del dictador decretó el apagón,
dejándonos, como saben, sin arte, sin música,
sin nada, fue de los primeros en unirse
a la resistencia. Unos se reunían para tocar
cantatas de Bach; otros como podían
recomponían los poemas de Emily Dickinson
o de Baudelaire; y él pacientemente
recreó un museo imaginario
en una nave abandonada de las afueras
que lo hubiera hecho rico si no fuera porque el miedo
le impidió darle ninguna publicidad,
pero lo cierto, lo cierto es que quienes
habíamos alcanzado aún a ver en nuestra juventud
un Goya verdadero o un Vermeer real
encontrábamos sus copias
aún mejores que las obras auténticas,
como si en detalles (un rincón, un paréntesis)
hubiera sumado toda la experiencia que el mundo

había obtenido después de la muerte de sus primeros
autores. Y lo que casi nadie vio nunca, y es lo que quería
mencionar aquí, fue su propia obra,
que escondió en un garaje de un familiar lejano,
o eso fue lo que nos dijo; y hay todavía
quien investiga su existencia y busca
esa obra *original*, como si haber salvado
la memoria de la humanidad les pareciera
una labor insuficiente. Yo llegué a ver,
como amigo suyo íntimo que fui,
algunos de esos cuadros:
solo pintaba, y esta es una primicia
que les concedo, manzanas, manzanas verdes
como las de Cézanne, pero podridas.

LA VISITA

«Somewhere between that moment
and the generalizations of eternity».

JOHN ASHBERY

LAS puertas quedaron abiertas intencionadamente,
los años pasaron despacio como carros de heno
y ni siquiera los pintores necesitaron viajar al sur
para sentirse deslumbrados por la luz. Abundaba
el ruibarbo y en las celebraciones nadie pedía
regalos, sino privaciones: menos miedo,
algún pequeño dolor extirpado, cierta mísera angustia
descontada. En el cartel de entrada a la ciudad
dos o tres letras cayeron, pero como nadie marchó
nadie necesitó pronunciar su nombre.
Nos movíamos por el aire como en un Chagall.
La meteorología no se medía en sol, lluvia o nieve
sino en *frottage*, *sandpainting* o *fumage*.
Los noticieros anunciaban tan solo
aquello que aún no había sido concebido.
Los fantasmas buscaban refugio entre los girasoles,
como los jilgueros o los pinzones.

La sintaxis había sido recompuesta.
Había amigos que nos abandonaban
en medio de la conversación,
pero sus dichos se quedaban con nosotros
hasta agotar su significado. Leíamos los días
como quienes saben leen las partituras.
Llevábamos polen de alegría en las yemas de los dedos.
Los árboles se mostraban en toda su arbolidad
y la luna escondía la poesía de la luna.
Al fondo de la estancia yo esperaba
y me dejaba acariciar por la brisa.
Entonces, mucho antes de lo que hubiera pensado,
apareció. *La puerta siempre ha estado abierta,*
pero no eres para nada como me esperaba,
le dije. Sonrió. *Entonces, ¿vamos?*, pregunté,
asumiendo que la hora había sido marcada.
Pero respondió: *No he venido a llevarte conmigo,*
sino a quedarme. Nunca entendéis nada.
Y desde entonces equivoco mi rezo.

EL CORRELATO OBJETIVO

El martes 28 de marzo de 2023,
a las cuatro y cuarto de la tarde,
escuchamos por primera vez
el latido de tu corazón unicameral.
Sonaba como debe de sonar el centro de la tierra,
como debe de sonar el motor de la vida,
y eso que eras tan pequeño
que casi solo eras corazón.
Me costó contener las lágrimas
y apreté la mano de tu madre
porque nunca habíamos escuchado
nada tan hermoso, y pensé que quizás
nunca volvería a conocerte tan a fondo,
que la próxima vez ya tendrías un secreto
y así sería desde entonces,
y me dije: enseguida empezaré a aprender de ti.

Poco después comencé a seguir la cámara
que habían instalado en un nido de cigüeñas

en Madrigal de las Altas Torres.
Una noche, los adultos habían salido
en busca de alimento y, sorprendidos
por la tormenta, no pudieron volver.
Lo vi todo: el polluelo tiritando de frío,
el nido vacío bajo la lluvia,
el último gesto antes de quedarse
quieto para siempre, la madre volviendo
ya de mañana sin entender,
regurgitando para nadie.
Pensé en cómo sería
el desconsuelo de las cigüeñas,
en cómo ser un poeta edificante
en un momento así, inmune al alivio.

Al día siguiente nos dijeron que habías
dejado de crecer. Ni por un momento
habíamos abandonado el nido, cesado de pensar
en lo que era mejor para ti. Nada sirvió.
Por más que nos empeñemos
en cuidar y construir, la vida es cruel
y siempre somos felices entre paréntesis.

Y aquí nos quedamos nosotros
pensando en qué decir al otro,
en qué decirnos a nosotros mismos.

La cigüeña pareció no saber qué hacer
durante días hasta que de pronto,
tras un ritual de batido de alas
y regurgitaciones, arrojó los restos
del pollo del nido y se sentó.

Nosotros tenemos este ritual de las palabras
para traducir y salvar tu latido,
que escucharemos siempre;
para no olvidar que estuvimos esperándote
los meses más hermosos de la vida
y que ni siquiera sus días más funestos
pueden nada contra ellos.

En este nido nuestro
te seguimos esperando;
pero ¿quién se atreverá
a volver a preguntarse por el vuelo?

EL CUARTO VACÍO

«Yo voy a enviar un ángel delante de ti,
para que te proteja en el camino
y te conduzca hasta el lugar que te he preparado».

Éxodo 23, 20

Un diez de junio llegamos a la casa nueva.
Otra vez ordenamos los libros,
buscamos un lugar para los barcos y las flores,
colocamos la ballena sobre la mesita
y las golondrinas sobre la mesa del salón
y dejamos su cuarto vacío.

Durante diez noches,
diez fantasmas vinieron a visitarme
preguntando si el cuarto era para ellos.
Era como si hubieran echado
de su pensión en el más allá
a todos los muertos de mi familia.

Mi padre vino oliendo a borracho,
mi abuelo a tabaco, mis hermanos

que no fueron entendían que tampoco
era para ellos, pero intentaban darme consuelo.

La última noche vino él. Entonces sí te desperté.
Era todo transparencia, un ser hecho de pura luz.
Nos abrazamos los tres, llorando, pero él
sonreía, decía *es hermosa la habitación*, hablaba
de la brisa que entraba por la ventana,
decía *le va a encantar a mi hermanito*, señalaba
dónde quedaría bien su biblioteca, decía
no os preocupéis que yo estaré siempre
cuidándolo, os sorprendería
saber cómo nos eligen
a nosotros, los ángeles de la guarda.

EL PÁJARO Y LA RAMA

Están quienes
cuando el pájaro deja la rama
se concentran en su vuelo
y añoran su canto.

Y luego estamos
quienes dejamos la mirada fija en la rama
porque cuando el pájaro marcha
es la rama la que tiembla.

CONTRA LA PAUSA

Sin proponérmelo, sin plan alguno,
un mediodía llegué a Nauplia.

Mi amor iba a mi lado leyendo a Amijai.
Habíamos cruzado juntos la Puerta de los Leones,
que da a un sueño cumplido de la infancia:
los olivos de Micenas entre la piedra roída.

Atravesamos los campos y las colinas
con sus altas fortalezas que aguardan
a impasibles bárbaros.

Y sin planearlo, llegamos;
ignorantes alcanzamos Nauplia.

Nos sentamos frente al castillo en medio del mar
mientras las aguas latían como un corazón turquesa.
Tomamos el zumo de las naranjas de Argos.

Un barco zarpó sin llevarnos a bordo,
y sin embargo…

Allí donde todo son templos derruidos
es fácil pensar que la divinidad que contenían
se ha desparramado por los valles
inundándolo todo de mercancías del cielo.

Fue tanta la fortuna de aquel día
que soñé quedarnos allí
alimentados para siempre
por el narcótico loto de la pausa
que crece en el muelle extranjero.

Pero la verdadera suerte
es saber emprender de nuevo el camino
a sabiendas de que el único modo
de inmunizarse contra el veneno
es probarlo, y no apartarlo.

Solo sin pausa, solo con pulpa,
solo con pepitas, solo con su cáscara amarga
la vida es vida, solo así

no es mentira.

ÚLTIMA CONVERSACIÓN
CON EUGÉNIO DE ANDRADE

Y, de pronto, las noticias eran malas:
una larga temporada en el hospital,
un poema dedicado a una manzana
sobre la mesita de noche
en la que habías creído ver una lección;
y no era un mal poema,
pero ya se lo habías escrito
a una rama de bambú
de un jardín de Macao.

Decidí llamarte al teléfono de siempre.
Te dije que era yo, respondiste:
Obrigado, mas não posso falar.
Ya solo hablabas con los del otro lado:
con tu madre, con Fernando Pessoa.
La puerta estaba entreabierta;
quizás también concluías aquella charla

que se había quedado a medias
con Marguerite Yourcenar.

Hoy he encontrado tu número
en una vieja agenda llena de muertos.
La he guardado bien a mano,
para llamarte en cuanto se entreabra mi puerta
y contarte cómo están las palmeras del Passeio Alegre
ahora que avanza mayo
y se acuerdan de ti
como antes se acordaban de Homero.

UNA CARTA PARA ADAM ZAGAJEWSKI

Con Xavier Farré

QUERIDO Adam: comienzo hoy el cuaderno
en blanco con tus fotografías que me traje
la última vez que nos vimos en Cracovia.
¿Y todas estas páginas en blanco?, bromeé.
*¡No tendré que escribir yo los poemas
de tu próximo libro!* Riendo me dijiste que sí,
que me pusiera a ello. En una página hablas
de cómo Brodsky te dejó en herencia su chaqueta;
y estará orgulloso de los poemas que has escrito
con ella puesta. Yo comienzo el cuaderno
con esta carta que te escribo hoy que has muerto
y no tengo ni tus calcetines, pero no me gustaría
olvidar nunca tus lecciones: jamás caer
en el cinismo de la ironía; recordar siempre
que aunque hay humanos capaces de Auschwitz
también hay Vermeer y Bach; y nunca pensar
que el poema es la balanza en la que pesar

esas cosas, sino un ensayo sobre la realidad
que usa esa lógica que logra llegar más allá
que el seco razonamiento y cuyas conclusiones
son un eco en la vida de quien lo lee.
Esa última vez que nos vimos
llevabas un libro titulado *Novedades sobre Dios*,
y prometiste avisarnos si alguna era interesante.
Somos turistas de lo visible, escribiste en un verso.
A saber cuál será ahora tu estatus en lo invisible.
No dejes de contarlo en poemas, para cuando lleguemos.

21-III-2021

LA GLORIA

Mi abuelo me llevaba con él al bar La Gloria:
ancianos minerales jugaban al dominó
y Pepín, el dueño, tenía siempre un trapo al hombro
sobre su camisa azul claro de manga corta
con el que secaba los vasos que acababa de lavar.
¡Un vaso de agua sucia, ladrón!, gritaba mi abuelo
mientras una mosca milenaria se posaba
sobre el mostrador metálico.

Un día, en el Dos Caballos
en que el cura del pueblo me llevaba a la iglesia
mientras yo le hacía preguntas místicas,
me aseguró que al morir todos estaríamos
en La Gloria. No es que me extrañase:
era raro que al morir todos fuéramos a dar
a un bar junto a la estación de trenes de Llanes,
pero bien pensado aquellos ancianos que jugaban

al dominó bien podían ser muertos ociosos
y era un destino amable poder recibir allí
las visitas de los vivos y tenía sentido
que a cargo de todo estuviera Pepín;
al fin y al cabo, mi abuela siempre decía
que Pepín era un santo, y mi abuela
hablaba bien de muy poca gente.

Murió mi abuelo, murieron mi abuela y San Pepín
y hoy quise acercarme a La Gloria
pero estaba cerrada a cal y canto:
dentro no quedaba nadie
y estaba todo desmantelado.

Ya dirás dónde andas, *Güelito*,
da noticias: he llegado aquí algo perdido,
tanto tiempo sin ti,
con ganas de pasar pronto el testigo
y contarle al bisnieto que ya no conocerás
de ti, que en alguna gloria ignota
todavía envidas, guiñas, ganas.

ANTONIO MACHADO EN ROCAFORT

AMANECE. El poeta abre el ventanal
para ver el alba; hoy no se siente
con fuerzas de subir al torreón.
Ha pasado las horas en vela,
rodeado de libros, envuelto en su gabán
contra el frío de la noche de la Historia.
Ha recordado Soria y
en torre, torre y torre, el garabato
de la cigüeña...
Ha saboreado, con los ojos cerrados,
la soñada miel de amor tardío.

Todos duermen
o hacen como que duermen:
madre, hermanos, niños.
Más tarde, alguno de ellos gritará
que ya viene el tren, avisando desde esa torre

que crece hacia el *lírico cielo de Ausias March*
como un sueño de otro tiempo
de que el *trenet* pasa por Massarrojos
y si alguien quiere ir a Valencia
está aún a tiempo de alcanzarlo en la estación.

Ha escrito algo; algunas notas
para el discurso que piensa titular
«El poeta y el pueblo».
Al menos aquí, en Villa Amparo,
ha encontrado algo de calma
en las plantas raras del jardín
para mirar hacia atrás
ahora que el paisaje del futuro es demasiado umbrío.

Aún no sabe que saldrá de camino a Barcelona.
No sabe aún
que la última estación se llama Colliure.
No piensa en el futuro: piensa *en España vendida toda*
de río a río, de monte a monte, de mar a mar.

NATURALEZA VIVA

Ερμού, 64

Higos. Olivas. Pistachos.
Tomates secos. Queso.
Pimientos asados.
Mi amor lee en la mecedora
y yo preparo la mesa para la cena.
La bestia debe de seguir por aquí,
no lo olvidamos,
mejor nunca olvidarlo
aunque no la veamos;
ha de seguir aquí, pero duerme.
Más profundamente que nunca,
pero solo duerme.
Y hacemos todo este ruido para que no despierte.

ANÓNIMO CROATA

El artista desconocido
y probablemente local
que pintó el lienzo que cuelga
sobre la mesa del comedor
no puso mucho esmero
en el velero que surca el mar transparente
ni en el contorno de la isla de Lokrum
pero encontró
(buscándolo o por azar)
el azul de Patinir.

Ayer por la tarde,
mientras atardecía
y mi amor en la orilla apuraba el mate
yo flotaba en el agua
y un estornino vino a señalarme el cielo
porque una nube había encontrado

(buscándolo o por azar)
el rosa de Tiepolo.

Mientras pienso en qué hacer
con esos colores que me ha regalado
el trabajo conjunto de la voluntad y el azar
desde la playa
llegan las voces de los niños,
la canción del verano de las cigarras
y las sirenas de los barcos
que van, como nosotros, de isla en isla
mientras mi amor ordena fotos
de un verano invencible
y guarda la piedra
que trajimos de la playa
porque era la primera
en la que se había bañado Bruno
aún dentro de su tripa.

Yo desmenuzo las voces que llegan:
dicen que hay un tiempo
para ponerse a prueba
y otro tiempo para la calma,

un tiempo para las preguntas
y otro para las respuestas,
un tiempo para ser roto
y un tiempo para recomponerse,

un tiempo para la Historia
y otro para preparar el almuerzo en la terraza
despreocupados,
como quien encuentra por fin
el azul de Patinir y el rosa de Tiepolo
y no necesita usarlos, solo guardarlos
para mañana y los mañanas después de mañana
ahora que la única filosofía
es la atención plena.

UN FRAGMENTO
DE PREHISTORIA DE BRUNO

Mijas

Las mañanas de tu primer julio
salíamos cuando despertabas,
aún de oscurecida, al jardín
para ver amanecer.
Tú tenías tres meses
y no guardarás ese recuerdo,
pero para eso estamos los historiadores
de tu infancia, para dejar aquí
las cosas que te llamaron la atención:
el vuelo abstraído de una pequeñísima avispa,
la forma de abrirse las flores al amanecer,
la manera en que el viento movía los flotadores
por el agua clorada de la piscina
y cómo el sol se filtraba entre las hojas de los árboles;
sobre todo quería dejar
tu forma de sonreír al ver las hojas de los árboles
doradas por el sol.

Y también la mañana
en que nos acercamos a la higuera y descubrimos
que mucho antes de tiempo
un higo minúsculo había madurado:
se lo llevamos a tu madre.

Estaba muy dulce;
ella lo compartió.

CABO SOUNION

Como encerrados en un diorama clásico
(si alguien nos agitase, seguro nevaría)
buscamos la firma de Byron
mientras las avispas de Cabo Sounion
se dedican a su vieja tarea filosófica
de discernir la dulzura.
Atardece y el día rompe su vaso de Campari
con la luz más hermosa de la tierra.
Cuando todo acaba,
solo una pequeña luz se ve en el mar.
¿Quién irá en esa barca?

Eres tú.
Tú que en algún mar del universo
sigues solitario el camino de ser
todos aquellos que no eres.
Tú que contemplas a lo lejos estas ruinas

y no echas de menos a los dioses
pero quizás sí un poco a los hombres que los crearon,
mientras la memoria recita versos que son ecos
repetidos tanto tiempo: Σκιᾶς ὄναρ ἄνθρωπος...

Volver querrías a ese tiempo,
o al de Byron cuando dejó su firma,
no por estar a disgusto en el tuyo,
sino porque se hace ya poco viajar solo en el espacio.

Ya todos se han ido.
¿Ves esa sombra que a escondidas
se mueve entre mármoles caídos?
Eres tú también. Y a ti te buscas.
Quiera el cielo que tardes en encontrarte.

AMOR LOCI

Son tantas las ciudades
de las que podría dibujar un mapa de memoria,
contar pormenores sobre sus estratos,
dar detalles sobre su vegetación
(la que creció de forma silvestre
y la que lo hizo por designio de la autoridad),
incluso arrojar sobre la mesa
unas docenas de ciudadanos ilustres,
casi todos muertos;
pero incluso en esas ciudades,
si amé algo, fue extranjero.

Quizás porque extranjero fui siempre yo mismo
en las ciudades que pude considerar mías.
Porque nunca encontré o construí en ellas
lo que cabalmente se consideran
los cimientos de un hogar;

porque no duró el amor, cuando lo hubo,
ni tuve nunca vocación con raíces
(esta de la poesía tiene las raíces aéreas
y cualquier clima le va bien).

Marchar es siempre la decisión fácil,
pero es quien se queda quien de verdad construye.
Quien alza un puente por la necesidad
de alcanzar los pastos, a sabiendas
de que alguien querido lo usará para huir.
Quien sabe que cada piedra de su casa
debe aguantar una vida y no apenas
hasta que llegue la hora de alzar otra nueva
en otro lugar. Quien apuesta por afectos largos
en los que mutuamente sostenerse en la hora oscura.

Es más fácil ser el Marco Polo de Calvino,
contarte a ti mismo maravillas que nunca viste
porque huiste, a tiempo, de la herida posible.
¿A tiempo? No tiene tiempo quien nunca espera
lo suficiente como para darle vuelta a la clepsidra.

Si como un árbol
cuya semilla cayó en tierra hostil
y tuvo que arrancarse de raíces
para pesadamente buscar una tierra nueva
y sobrevivir
marchaste,
si eso lo conseguiste
¿cómo harías para fiarte de esta tierra?
¿Cómo anclarse a un suelo ajeno
y creer que no habrá que partir de nuevo?

Te siguen asustando las raíces. Te sigue
llamando la voz que llega del otro lado de la ventana
y promete una novedad que sabes repetida.

No te asuste la raíz. Eres tú mismo.
Cómo pudiste creer que eras el aire.

HATSUYUME

El primer sueño del año

Estaba en Buenos Aires sin ti, amor,
y te decía dónde y tú respondías:
¡estás a dos cuadras de la casa de mi madre!
Entonces un lento desfile de elefantes
cruzaba la avenida repleta de tréboles de cuatro hojas,
y yo pensaba en las cajas con tus libros,
en el collage de tu habitación. O te decía:
estoy cerca de La Biela, y tú: *¡a una cuadra
de ahí viví de niña! Ve a la librería Norte
y cómprame esto y aquello.*
Y yo iba vigilado por búhos
con pequeñas llaves en el pico,
y tus pasos eran la brújula de mis huellas.
Ya era de noche, y una profesora tuya
me hablaba de quién eras tú en la secundaria
y el cielo estaba cruzado de estrellas fugaces
que se perseguían tan de cerca que dejaban de parecerlo.

De pronto no era Buenos Aires, era Madrid,
pero había un lago y a la orilla
estabas tú con nuestro hijo.
Cuando yo llegué junto a vosotros
llevaba un puñado de monedas del año del perro,
y mientras una bandada de grullas abrevaba
arrojé una al agua que dibujó círculos concéntricos
con forma de gota y nazar.
Y no hizo falta despertar,
porque estar juntos es nuestra forma de estar despiertos.

LAS CIUDADES DEL LAGO

«Siempre mañana, y nunca mañanamos».

LOPE DE VEGA

La niebla había cubierto el lago
y las ciudades del lago,
de modo que todos en secreto
aprovecharon para abandonar
sus lugares asignados:
los prohombres descendieron de sus pedestales
(no había promujeres junto al lago)
sacudiéndose los excrementos de paloma
de los hombros y la cabeza;
las cariátides y las venus de los muros
estornudaron su catarro reprimido
y se vistieron como corresponde al invierno;
las moscas, hartas de dibujar
sus arabescos para nadie,
se posaron sobre la manzana
de un dibujante de naturalezas muertas;
no fermentó la harina por dos días

ni se sumó peso a la amenazante
gravedad de las cornisas; y el silencio
limpió las almas y los cuerpos,
y las aves prestaron su vuelo
al pensamiento, agotado de tanto
perfeccionamiento en el arte de la mentira,
del engaño, de la malicia.

Yo no habitaba
en ninguna de aquellas ciudades;
me encontraba allí tan solo de paso,
como siempre, fuera de lugar,
y la neblina hizo su efecto también en mí.

No puedo decir cuánto duró,
durante cuántas horas o días o años
vagué entre la niebla mientras la niebla
desmigaba todo y a todos.
La memoria deshacía sus nudos
y dejaba de esperar lo inútil
y de desear lo inocuo
y de trabajar por lo difícil.
Me sentía como el lienzo que un pintor
vuelve a pintar de blanco

inconforme con su tela,
ya incomprensible de tanto empeño.

No puedo decir cuánto duró.
Yo vagaba entre la niebla
vaciándome de mí
con un viejo verso como mantra:
Siempre mañana, y nunca mañanamos…

Un alba, sin previo aviso, la niebla
comenzó a despejarse. Qué hermosa fue la luz
de aquella mañana: esta que aún permanece.
Y eran nuevas las gentes ejemplares
en sus pedestales respetados por las aves;
y la ley de la gravedad fue sustituida
por la ley de la levedad;
y todas las naturalezas que se pintaban
eran naturalezas vivas. Y en medio de la calle
de la vida me estabas esperando tú,
con tu sonrisa que anunciaba
la eterna novedad del mundo,
el infinito renovarse de la alegría,

y juntos mañanamos.

POEMA DE LAS AVISPAS

Para otros, el amanecer de Ahu Tongariki,
escoltado por los moáis,
como si quien lo contempla
cobijara la idea de hurtar el rayo verde.

Para otros, ver salir el sol
desde un globo, en Capadocia,
y convencerse de que no hay más
Gaudí que el viento ni mayor
maestro gótico que el agua.

Para otros, inaugurar el día
en Angkor Wat, cuando los rayos prologales
parecen decididos a incendiar los templos
y la fe; o en Milford Sound,
desperezándose a la vez
que los lobos marinos.

Yo quiero ver amanecer todos los días
descalzo, contigo,
en la terraza de casa,
cuando la luna se queda un rato aún
para poder contemplarte
a ti que disfrutas la primera luz de la mañana
sobre tu piel aún dormida,
con la toalla a modo de turbante
y tus ojos que despiertan y en mí despiertan
cuanto desde que estás ya no duerme nunca.

Sobre la mesa está el desayuno,
pero las avispas revolotean
en torno a ti, como si fueras
lo más dulce de la mañana.

Qué poco te conocen.

BARCOS ANCLADOS FRENTE
AL PUERTO DE LIMA

Decenas de barcos anclados frente al puerto de Lima
iluminan el mar esperando el momento
de desembarcar su carga. Ojalá estuvieras
conmigo para verlos, Nicole; son hermosos
como luciérnagas nadadoras. Pienso
en lo que llevarán a bordo: frutas exóticas,
fiebres tropicales, roedores, polizones,
artículos de usar y tirar *made in China*
como antaño las porcelanas.

Pienso en los barcos y pienso en nosotros,
pienso en sus cargas y pienso
en nuestras cargas, pienso en qué razones usarán
los comandantes de los puertos para decidir en qué orden
desembarcarán sus contenedores. ¿Cuáles son los criterios
de urgencia? ¿Antes lo que caducará antes, después
lo superfluo? No lo creo; nuestro tiempo
ama tanto lo superfluo…

Pienso en los barcos y en su orden
de descarga y pienso en nuestras vidas y en las vidas
que del mismo modo desembarcan en las nuestras;
¿cómo decidimos el orden en que lo hacen?
¿Nos limitamos a dejarlas abordar nuestra costa
en el mismo orden en que llegan? Lo dudo;
hay épocas de la vida en las que lo damos todo
a cambio de una fiebre tropical, o en que necesitamos
con tal ansiedad una fugaz baratija… Míranos a ti
y a mí. No estábamos destinados el uno al otro;
no creemos en la bisutería, no al menos en esa
del amor y el destino. Nos elegimos
entre las luces fondeadas frente a la costa,
más por intuición que por orden.
Y resultamos ser lo que esperábamos cuando ya no
o aún no lo esperábamos. ¿Traerá también una sorpresa
parecida alguno de los barcos anclados esta noche
frente al puerto de Lima? Ojalá estuvieras conmigo
para verlos, Nicole; son hermosos como nosotros
justo antes de adivinar, entre las luces repetidas,
al pasajero que llega por fin a su destino
algo aturdido por el largo viaje, con el rostro iluminado
por las luces de la ciudad tanto tiempo anhelada.

NICOLE Y LA LLUVIA

El rosa de su impermeable
en la tarde gris de mediados de septiembre
es un oxímoron alborozado;
ella sabe los colores
que van bien con la tormenta,
y no los usa para anular el aguacero:
lo equilibra. Ama el tono de estas tardes
y los mil nombres de sus matices.
Así es: ve donde nadie mira,
lee debajo de las palabras
lo que las palabras callan.

Cuando arrecia el temporal
y se quita los zapatos para caminar descalza,
la tarde declara que nada en ella es prosa.

POEMA DE LOS TULIPANES

Los tulipanes
no son de aquí.
Su propio nombre los delata:
el farsi
se lo prestó al turco
y quiere decir *turbante*
porque alguna jardinera de Persia
recordó esa forma
cuando una mañana sin rocío
los vio cerrados
como rubaiyatas aún por leer.

No son de aquí y, sin embargo,
hay tres creciendo
como minaretes sin rezo
en una maceta de nuestro balcón.

Para ellos, esta ciudad
debe de ser como Marte
para los primeros exploradores,
pues no sabrían vivir solos,
como si este no fuera su oxígeno,
y dependen de nuestro riego
y un poco de nuestra conversación.

Pienso en el viaje de los tulipanes
y en el viaje de cuatrocientos cincuenta días
de los astronautas a Marte
y en tu viaje, amor, para llegar aquí.
Tú no eres un tulipán, ni este es otro planeta;
y aunque seguro que dormiste en tu avión,
nada parecido al coma inducido
que espera a los cosmonautas.

Pero pienso en cómo te afectará esta atmósfera
seguro distinta a la de tu país
y en los cuidados que necesitarán tus raíces
    trasplantadas.
No es que me preocupen: son tan fuertes
que han arraigado en esta ciudad y en mí

como nunca supieron hacerlo otras raíces,
y eso sin cambiar de acento ni de preferencias.

Al contrario que los tulipanes,
yo sé que no me necesitas para respirar
ni nutrirte. Pero cada mañana
con qué felicidad me asomo a ti
para ver cómo floreces de nuevo.

UN COLUMPIO SOBRE EL VILNIA

Mi amor se columpia sobre el río Vilnia
con sus pies descalzos y su sonrisa más niña.
Y pasan unos muchachos en canoa y la saludan;
y la escultura de la sirenita en la orilla
se relaja y aprovecha para tomarse una cerveza,
porque sabe que mientras mi amor esté en el columpio
nadie reparará en ella.
¿Quién fundaría esta república de Užupis?
Desde que acabé el colegio, el español
ganó cuatro preposiciones
y al sistema solar se le despistó un planeta;
la Guerra Fría perdió un telón de acero
y el mundo ganó una docena de países;
un idioma se dividió en cuatro.
Tampoco esta importantísima república
con su columpio sobre el río
donde mi amor acaricia el agua con los pies

y salpica
su vestido azul con corazones sonrientes
estaba en los libros de texto.
En el patio de aquel colegio
quedaron abandonadas las canicas;
y un balón botando, solo.
Un eco de voces infantiles insistió en repetirme
algo que parecía lo único que era importante
y que fui incapaz de oír. Tenían que ser
las coordenadas de esta república, pienso,
donde hoy estoy con los pies en el río
escribiendo este poema,
mientras los cuervos de Vilna
pasan riéndose de mí,
que no tengo paciencia para terminarlo;
lo que quiero es subirme al columpio con ella
y dejar el poema en el aire
como dejé el balón y las canicas,
para que otro lo recoja.
¿Quién quiere poemas estando ella,
que es gacela constante más allá de la vida
y hace volver las claras golondrinas
y evita que se equivoquen las palomas

y hace que suceda que nunca me canse de ser hombre
y es todos los milagros juntos de la primavera
y puede sanarme y hacer que este río
no vaya hacia el mar, que es el morir,
sino hacia una vida más alta que la vida?

TEMA DE REDACCIÓN

In memoriam José Antonio Pérez Luengo,
«Toño'l maestru»

«Más me valía haberles preguntado
de qué color es la primera nieve».
GRETE TARTLER

EN el pupitre que daba al ventanal, Lolo
arrancaba las alas a las moscas
que luego se paseaban sobre la madera
súbitamente peripatéticas.

Sin hacer mucho caso de nada,
en el cuarto cerrado
las ratas recortaban a mordiscos
las costas de Australia en un mapa.

El maestro anotó en el encerado
un tema de redacción: «La felicidad».
Les dio permiso para terminarla en casa.
Cuánto tiempo tenían para entregarla,
quiso saber. *Toda la vida*, fue la respuesta.

Tardó mucho en escribir las primeras palabras.
Primero pensó que su respuesta requeriría un sistema.
Después recurrió al aforismo,
incluso a la enumeración caótica:
descubrió las cosas que le hacían bien,
aprendió a cuidarse.
Pensó que eso sería lo que tenía que contar:
que la felicidad eran mujeres y ciudades y libros.

Miró por encima del hombro las redacciones
de sus compañeros de clase:
uno aplicaba una fórmula,
otro asumía una vocación.
Su respuesta
no estaba aún madura, y seguía sin entregarla.
Su instinto tendía a la verdad y a la belleza,
pero no sabía qué pensar de la felicidad.

Recuerda el día que descubrió que la felicidad
es lo único que al compartirse se multiplica.
Estaba seguro de que semejante hallazgo
le haría merecedor de un premio Nobel
de medicina. Luego llegó a la conclusión

igualmente provisional
de que más que ser feliz
importa ser capaz de atravesar el dolor,
ser uno entero en la soledad.

Su redacción seguía sobre la mesa.
Hacía mucho tiempo que sus compañeros
habían entregado la suya y habían comenzado sus vidas.
El maestro le dijo que se veía obligado
a someterle a un examen final.
Las preguntas eran:
1) Lo que es bueno; 2) lo que es malo;
3) lo que es pesado; 4) lo que es leve.

Buena es la libertad. La mermelada de higo. Roma.
La ausencia de dolor. La ropa que huele a limpio.
Encontrar un amigo. Los dos primeros meses de un
    amor.

Malo es el remordimiento. Ser incapaz de no hacer daño.
La guerra. Descubrir tarde las cosas importantes.
Los poemas poéticos. La muerte de los otros.

Pesada es la obligación de decir siempre la verdad.
Una piedra en medio del camino. Un cuerpo en el universo.
Olvidar las vidas pasadas. La incapacidad para cualquier
    clase de fe.

Leve es un velero en el horizonte. Hacer cuanto te apetece.
El aire. Una castaña sobre la colcha. Jugar. La risa.
Creer una mentira por hacer bien a alguien.

Hubiera sido mejor preguntarte cómo llegar a la Atlántida,
bromeó el maestro. Sonrió con media boca
y le dio la nota: aprobado raspado.
Si quieres, vuelve en septiembre, añadió.

Pero él ya iba camino de una Atlántida distinta,
a lo mejor prohibida, a lo mejor abierta,
de una puerta dorada no se sabe dónde ni cuándo.

UNA PLEGARIA

¿Crees que hemos vivido otras vidas
anteriores a esta, que las recordamos a veces
como si nos hubiéramos dejado muescas
para reconocernos? Aquella mañana,
pedaleando entre los *hútòng*
en una bicicleta naranja cuyo manillar
se iba todo el rato hacia los lados
como si en cualquier momento pudiera haberle llevado
a otra existencia anterior o posterior,
pensaba sobre todo en cómo sobrevivir
a cumplir los sueños de la infancia.
Del mismo modo que se sobrevive, tal vez,
a la certeza de haber vivido ya
el momento más intenso de la vida
y decidimos seguir adelante con la vaga esperanza
de ser más afortunados que los Inmortales
y nos sea concedido un segundo momento de oro,

una segunda eternidad inmerecida,
las tejas azules del templo del cielo.

En el barrio de 798 su existencia en pedazos
era objeto de exposición: una galería mostraba,
pintados con colores oxidados,
los momentos que recordaba de su vida,
pero no estaba él sino alguien con traje de astronauta,
como si no hubiera un instante pasado
que no fuera un planeta extraño.
El corazón estaba suspendido en un líquido
dentro de una urna, latía y se ahogaba, latía
y se ahogaba. Una serie de esculturas abstractas
eran sus pensamientos y una ruina irreconocible,
su identidad. Alguien quiso hacer una fotografía
con el teléfono de su orgullo quebrado
pero enseguida la policía lo rodeó:
el exhibicionismo no está bien visto por el régimen.

Solo una vez perdió un autobús,
jamás un tren o un avión,
nunca ha perdido un teléfono ni unas llaves.
Solo ha perdido personas.

Por la tarde, en el templo de los lamas,
quemó el incienso incluido en el precio de la entrada
pero mientras hacía las reverencias no sabía
muy bien qué pedir, le cruzaba la mente
una mezcla de cosas queridas y no queridas
que no servía como plegaria, ni siquiera
como borrador de biografía; así que con la última
inclinación pidió sobre todo perdón, *perdón
por el dolor que habré causado, perdón
por el dolor que causaré, perdón por ser indigno
de la felicidad que me fue otorgada
y por considerarme digno de una segunda,
de una tercera vez.*

MI ABUELA: POESÍA COMPLETA

La poesía de mi abuela
atravesó una primera fase
paisajista. Recitaba:
Al entrar en San Vicente
lo primero que se ve
el tejáu *de la Quiquina*
con las tejas al revés.
Tenía buen oído popular
para el octosílabo
y un ojo para el detalle
de ultraísta cracoviano
inventado por Juan Manuel Bonet.

Como todo poeta nacional
pasó la fase de exaltación patriótica.
De esa época data su letra
para el himno de Cantabria:

¡Santander! Qué bello es
la tierruca montañés.
El uso del neutro de materia bable
y el hecho de que lo cantara
con la música del pericote llanisco
denuncian que a lo mejor le importaban,
pero no entendía mucho de fronteras.

Su obra evolucionó
(cosas de la edad o signo de los tiempos,
tendrán que dilucidarlo los estudiosos)
hacia el existencialismo
a la vez que sucumbía
a la moda del haiku.
Dice su último poema conocido:
¡Ay, Dios mío!
De todos padre
y mío, tío.

Pese a tan lejano parentesco con la divinidad
lo último que quiso hacer
fue ir a visitar el santuario
de la Virgen de la Bien Aparecida,

uniendo en su último viaje
las grandes claves de su obra:
paisaje, patria y teología.
Yo le regalé una imagen de la virgen
que tuvo en la mesita de su cama
hasta su muerte.

He sido, lo reconozco, un mal discípulo:
poco de la poesía de mi abuela
ha tenido continuidad en la mía.
Pero aquella virgen que le regalé
va ahora conmigo allá donde viva,
y cuando la casa está en silencio
susurra secretos del mundo
que sin entender su lengua arcaica
traduzco en poemas
para cuando mi abuela vuelva.

ALEJANDRÍA

A Silvia Grijalba

«Por fin, Alejandría».
Naguib Mahfuz

Será en la terraza de un café,
en una ciudad cercana al desierto.
Palmeras y tráfico, calor y lino.
Estarás solo, sin tarea ni nostalgia.
en el aire habrá dorada arena suspendida
y aroma de flores y humo de tabaco.
Será entonces. No la llamarás,
ni siquiera la estarás esperando.

Cruzarás el mar y su obstinada tragedia.
Te enredarás en el tráfico de Midan Tahrir
a la hora en que la luz de miel
que solo cae con esa dulzura sobre El Cairo
cubre sus fachadas con un velo compasivo,
diluyendo calima, polución y arena.

Y de pronto, aquí estarás: ¡Alejandría!
Tras la ventana, jóvenes con pañuelo
sentadas en la *corniche* mirando al mar
y dentro de tu cuarto solo tú
esperando un paso extranjero o animal
que sepa despertar
cuanto crees que ya duerme para siempre.

Y caminarás, caminarás para cruzar de nuevo
el umbral del Cecil o ir a buscar a Plotino
que escucha de labios de un mercader hindú
la música de Buda antes de demostrar
no solo la existencia del alma
sino también su eternidad
de una forma que seguirás encontrando irrefutable.
Esquivarás un carromato repleto de mandarinas
para llegar a la casa de Cavafis
pensando en qué constelación
se habrá transformado el pelo de Berenice
y en la posibilidad de un laicismo
no colonialista, no capitalista.

Luego, se habrá hecho ya tarde. Te sentarás a una mesa
del Club Griego, con el agua lamiéndote los pies
mientras las moscas revolotean en torno a los viejos trofeos,
y contemplando la bahía no repararás
en la muchacha que a esa hora bucea
entre las lanchas de los pescadores con la última luz.
Entonces las conversaciones se apagarán de pronto
y un poco más allá se cruzarán dos barcas.
De una llegará una voz que cantará: *ya*,
y un eco le responderá: *nunca*.

LOS RECOGEDORES DE OCLE
O BIEN CARTA AL PADRE

Necesitaría el pincel de Millet, para dar dignidad
a esas figuras que con sus rastrillos recogen el ocle
al final de las tardes de mi niñez. Para transformar
el susurro de las olas rompiendo en la orilla
en un silencio traducido, para que su charla corriente
quedase detenida en un lema eterno y quieto.
Es extraño, pensurreo hoy, que no eligieran los pintores
este tema, ni haya canciones como las hay de siembra
o de cosecha; recuerdo el cuadro de Piñole,
pero incluso en él ya los recogedores
se llevan el ocle en los carros tirados por bueyes
y la playa es poco más que una línea de fuga,
contrapunto de los almiares. Preferiría ese pincel
para traducirme y construir un escalón por el que subir
y no este rotulador 0.38 porque mi pensamiento
evita las palabras, piensa en imágenes, como decía Pavlov
que hacemos los que estamos más cerca de los animales.

Dormir la siesta cerca de las algas, decía la Nini,
lo cura todo. Y normalmente una vida
es como una novela, pero la mía
se parece más a una colección de relatos,
por eso me cuesta tanto reconocerme
en las vidas pasadas; no es que parezca
que le hubieran pasado a otro, sino que fui
expulsado de ellas prematuramente,
sin tiempo de terminar lo que había comenzado,
y me cuesta encontrar en todo un hilo.
Mi vida es como el tercer tomo de Sófocles
en la edición de la Loeb: obras inacabadas (*La exigencia
del retorno de Elena… Los buscadores… Aquellos
que cenan juntos…*) y fragmentos que es imposible
ubicar («Duro es vivir rodeado de extraños, ¡muy
        duro!»).

Es obvio, padre muerto,
que hubieras querido ser otro,
tan inmune como eras a la responsabilidad
como incapaz para el amor.
Así que igual es tuyo, en realidad,
este perenne deseo mío de marchar.

Pero yo ¿quién soy entonces, si eso es tuyo?
¿Qué es ser yo?

Quizás aún no haya aprendido
a quererme saludablemente y por eso
vagabundeo, me susurra Zaratustra.

Te debo la certeza de que la vida no tiene sentido
y esta feliz ingenuidad de que nosotros podemos dárselo,
de que es nuestra tarea dárselo.

No creas, intento buscar algún buen recuerdo
(conduciendo sentado sobre tus rodillas
entre campos de maíz; otro no encuentro)
o algún momento en el que te sintiera como un modelo.
Intento incluso limpiar alguna culpa extra
que te echásemos sin merecerla,
pero por más que lo intento la balanza no se altera.
Seré tu hijo, pero tú no fuiste mi padre; así están las cosas.

Ya ni el ocle se recoge como antaño.
No sé si lo habrás visto:
ahora entran con un tractor hasta casi sumergirse

para arrancar las algas. No creo que nunca te importaran
mucho estos trabajos; mientras unos recogían algas y otros
el ganado, tú te emborrachabas y comprabas para todos
lotería y putas. Ahora que has muerto
tal vez pueda de una vez renunciar a tu herencia,
dejar de querer irme siempre de mí.

Los recogedores de ocle se van retirando
y yo pienso (ya te lo dije: mi pensamiento es asociativo)
en Gauguin, quien también pintó
unas mujeres que sacan algas del mar. Parecen monjas,
una procesión de mujeres que limpian el mar
de algo que le impidiera ser el mar. Ahora que no estás
quizás esté yo listo por fin para que lo que sea que soy
venga a llenarme. Ven a mí, oh claridad,
oh eterna nada, oh alegría consuetudinaria,
oh dolor ordinario,
oh destino tradicional, oh amargo todo…

Miro de nuevo a la orilla, ya vacía.
Por la rampa que antaño
usaban los carros que venían a recoger el ocle
dos perros corren a remojarse

alegremente en el agua fría. Ladran, ladran a la vida
y yo los escucho como desde otro tiempo, otra existencia
en la que ya no estoy aquí ni he perdido cuanto he perdido,
como si hubiera tomado, antes de hoy, un desvío distinto
que me hubiera llevado a otra versión (¿mejor o peor?,
 cómo saberlo) de mí mismo.
Pero cuando intento recordar más
un fogonazo cegador lo borra todo,
como cuando se incendia una vieja fotografía
comenzando siempre por el centro,
dejando solo ver detalles, alrededores,
como si quienes estaban en el centro de la imagen
se hubieran ido de pronto, abandonando el momento
en fuga quién sabe hacia dónde, ojalá hacia adentro,
ojalá por fin hacia el supremo fulgor.

EL BALCÓN GEORGIANO

«La medicina es siempre ahora siempre ahora».
Phoebe Giannisi

Le rodea un alfabeto que no comprende
pero se siente bien; la cerveza es buena.
Casi no duele el cuerpo; el alma,
rota de nuevo en mil pedazos,
sabe ya cómo se vuelve a empezar,
aunque no será todavía.

(Hoy
la cuchara viene vacía a la boca
y de cada vez
se lleva un diente
y por fin
la lengua
hasta dejar la boca hueca:
solo paladar
degustando vacío).

Y se pregunta por qué será siempre así,
por qué siempre lejos, siempre huyendo.
No ya de su padre, que dónde estará;
no del adolescente que fue, aunque
sus miedos y torpezas,
su exceso de responsabilidad
sigan en él. El caso es que lejos
sigue siendo mejor, o más él mismo,
más audaz, y capaz de la felicidad ligera
que dan el alcohol y el buen tiempo
y la belleza extranjera que no hiere.

Por fin se dice: nada te persigue.
Y contempla la filigrana de los balcones georgianos
pensando que quiere llevar consigo un balcón así,
desde el que ver el mundo esté donde esté,
un balcón extranjero
desde el que atreverse a saber que la vida
está al alcance de la mano,
que la luna es siempre más hermosa
donde quiera que uno esté
que en un poema de Galaktion Tabidze
o de Leopardi,

que no hay más temporada en la vida
que la de la vendimia,

que si volviera a nacer
subiría de nuevo estas colinas
de amapola y manzanilla
y preferiría de nuevo
la orilla de los lagos fuera de temporada
y volvería a no ser feliz,

porque ser feliz no importa.

GÓTICO CANTÁBRICO

I

«¿Quién es ese hombre?», preguntó mi abuelo
al ver la fotografía. «Es tu madre»,
respondió la mía; para él la memoria
ya no era más que una sucesión
de espejismos sin sintaxis. Aquel hombre
era su madre: la pobreza no tiene sexo.
Ella, Concha; él, Esmael, pronunciado
así, a la manera de los pasiegos. Él, asturiano
de Poo de Llanes; ella, vasca,
rubia y de ojos azules,
aunque en la fotografía pueda
parecer un hombre más;
«mujer no se nace, se hace
una», decía Simone. Tuvieron
doce hijos; el mayor, Ismael,
el favorito, murió en la mili;
comió macarrones crudos; por una apuesta.

No hubo manera de que se pusiera
en pie. «Te compraré el reloj», dijo
Esmael; nada. Los hermanos iban
al colegio de monjas en Cabezón de la Sal,
un mes cada uno. «Para lo que alcanzaba»,
dicen los anales.
Uno de sus hermanos
se acercó a saludar a mi abuelo
en el entierro de mi abuela; mi abuelo le dijo:
«Si no te digo que no,
será verdad que eres mi hermano;
pero yo no te conozco».

Años antes, mi abuelo había ido a ver
a su padre y su padre le había dicho:
«Si no te digo que no, será verdad
que eres mi hijo; pero yo no te conozco».

«¿Quién es
ese hombre?».

DEBIERON de decirles que miraran
hacia un lado; los dos tienen el rostro
vuelto hacia su izquierda; pero Esmael,
mi bisabuelo, mira de frente a la
cámara. Mi bisabuela Concha, ella sí
obedece. No se sabe cómo irían
vestidos aquella mañana; la ropa está pintada
en la fotografía; camisa de cuadros para
él; blusa con estampado borrascoso
para ella. Borrascosa la mirada de
ella también; como si acabara de perder
algo o a alguien o llevara toda la
vida perdiéndolo. La de él alerta,
desconfiada, un poco desafiante;
«Que quede bien»: la fotografía;
la vida. Ella tiene más arrugas
que él; ella tiene más vello que

él; ella tiene la boca más cerrada
que él; ella obedece, al fotógrafo,
también. Nada más en la imagen;
ni una casa; ni un almiar; ni vacas;
ni guadaña; nada. Desde aquel raro
día en que se fotografiaron
él me mira; ella no se atreve
a mirarme. Ella me descarta, piensa:
«No es de los nuestros». Él me inquiere:
«¿Qué has venido a preguntar, qué
quieres de nosotros?

¿Quién eres, hombre?».

POEMA DE GÉNERO

Mi padre me lo enseñó todo
acerca de cómo no debe ser un hombre.

Mi abuelo me lo enseñó todo
acerca de cómo eran antes los hombres.

De modo que me fui haciendo hombre
sin saber cómo ser.

Sobre el asunto, los libros decían poco.
Lo que dejaban entrever las canciones
tampoco era muy convincente.
El arte decía: las mujeres, mejor desnudas,
mejor mudas, mejor incluso lisiadas.
Pregunté a mujeres que me enseñaban una teoría
y me respondían con una práctica diferente.

Si fuera cierto que errar
es el mejor modo de aprender
habría llegado a algún entendimiento.

Y sigo sin saber coser un botón
ni hacer el dobladillo,
pero del mismo modo que lo hacía mi abuela

(mi abuela desdentada
no por el hambre, sino por la ignorancia)

separo lentejas de piedras,
guiso las lentejas
y con las piedras hago caminos
por los que nunca volver.

PARTE METEOROLÓGICO
PARA ARCADIA Y ALREDEDORES

CUANDO entro por primera vez en un café
en una ciudad nueva
pienso que algún gesto me delatará como forastero
y todos me señalarán: «No es de aquí»; «Qué ha venido
a hacer»; «¿Quién es ese hombre?». Soy siempre
el que no es de aquí,
el hijo imposible de prodigar
pues se le borraron los caminos de vuelta.
Pero si pido un café sin demasiada impericia en la jerga
la claqueta puede dar paso a la siguiente toma.

Plano general. Al otro lado de los cristales
un hombre igual a mí
se encontró con un hombre igual a mi padre.
Tenían pese a todo la misma edad.
Naturalmente ni uno era mi padre

ni el otro era yo.

Tampoco mi padre y yo somos ya ni mi padre ni yo.

Plano medio. Se saludaron afectuosamente.
El que era mi padre me preguntó, un poco brusco:
«¿Por qué no has querido tener hijos?».
(Contrapicada: sentado en sus rodillas
conduzco el coche
entre campos de maíz).
No supe qué contestar, aunque sabía la respuesta
y creo que él también.
Pensé en los hijos de mis ex
que me miran como si supieran algo
que no se atreven a decirme.
Pensé en el hermano que no nació
en Londres, mientras nosotros (toma de grúa)
íbamos al zoológico, al Big Ben,
y mi madre estaba sola en la clínica.
Pensé más en la soledad de mi madre
que en mi hermano o hermana nonato.

Esos hermanos viven con mis hijos
en el libro de las profecías que no se cumplieron

mientras yo como penitencia
paso de una vida a otra,
de un amor a otro,
de un país a otro
obligado a vivir además de mi vida
todas las que ellos no tuvieron,
con la tristeza de todos ellos,
casi todas sus alegrías
y una sola sístole, una sola diástole
para contenerlos a todos.

ARTE POBRE

A Ismael Ramos

I

Aᴌ cerrar los ojos los he vuelto a ver,
en un tapiz, dorados, los almiares
como budas pastores,
templos de una Europa rural anterior
a que escupiéramos a Hegel, esa Europa
que no se reconoce en los mapas
sino en los iguales aperos de los campesinos,
en sus mismas labores, en su olvido.

Cierro los ojos y ahí están,
en su tapiz, en esos valles
en los que alguien ha derramado
toda la paleta del verde, salpicados de vacas
budistas, caballos taoístas y estaciones
de tren en escala H0.

Cierro los ojos y huelo de nuevo
el ocle puesto a secar sobre el asfalto
en la carretera camino de Toró,

cierro los ojos y estoy otra vez
en la atalaya del Paseo de San Pedro
donde escribí mis primeros poemas
y desde donde en la Edad Media
oteaban la llegada de las ballenas,

cierro los ojos y están todos,
cada uno en su tapiz,
los almiares, el ocle, la atalaya.

¿De dónde cuelgan, esos tapices?
¿De mi sueño, tal vez?
No creo; mis sueños, como yo,
como los míos, son muy pobres.

Junté cuatro traviesas de la vía
que mi abuelo vigilaba
junto al paso a nivel de Pancar
y sobre ellas pinté,
como sobre una mesa de pueblo,
manzanas agrias, con la huella
de una mano y pájaros
y un camino señalado
para el gusano que susurra:
ser o no ser —lo mismo da;
estar o no estar —así es como el almiar
traduce a Shakespeare.

Cada segundo, cada centímetro
de mi piel es atravesado
por más de cien mil millones de partículas.
Vienen de otras galaxias,

del sol,
de mundos que no conocemos,
van de camino
a otros mundos igual de extraños.

Mientras,
sobre las brasas
la pota puesta a cocer.

En el arte pobre
todo depende de la luz;
si alguien se lleva a la cuadra
el candil de carburo
en la cocina
nos quedamos a oscuras.

EL TREN DE LOS ESCÉPTICOS OPTIMISTAS

MI amigo João Camilo dice que solo no duda
quien no ha vivido lo suficiente o no ha pensado lo bastante,
y quiere organizar un tren al que nos subamos
todos los escépticos optimistas, los que dudamos
y aun así creemos. ¿Creemos en qué?
No en un destino ni en un sentido;
creemos en lo que vemos, ¡y vemos tanto!,
a sabiendas de que no vemos casi nada de cuanto existe.
Por eso creemos sobre todo en que queda siempre algo
por descubrir, algo o alguien por amar,
una inagotable molécula de intensidad esperándonos
aun después de todas las desilusiones y todos los fracasos.
Luis Cernuda era de los nuestros: «No eches de menos
un destino más fácil», escribió él, y por supuesto
que no: este (que no es destino, sino generoso azar)
es el nuestro, y en interpretar su dialecto extraño
perderemos la vida si es preciso.

A veces nos duele la cabeza de tanto recordar:
recortamos cada instante
y lo guardamos como un trozo de vasija
encontrado al azar en una excavación
a partir del cual ya es imposible reconstruir nada.
Y sin embargo… ¿No hubo una vez
que sentados en el alero de una ventana
con la ciudad a nuestros pies (el Pantheon,
la cúpula de Miguel Ángel),
fuimos Onegin y Lemsky, recitamos:
«Ola y piedra, poema y prosa,
hielo y fuego no son, quizás,
tan opuestos?».

Los lugares a los que quisimos ir y no fuimos
se borran de nuestra mirada
dejando en ella puntos negros como islas
en las que ya solo existe una larga noche
sin amor ni canciones, fría como un rincón de universo
por el que nunca pasa un cometa
ni el perdido satélite de una civilización
melancólica e ingenua.

Las marcas que dejamos en el tiempo
para reconocernos cuando ya fuéramos otros
las entiende solo el adolescente
que llevamos encerrado dentro, le hacen daño
y no se atreve a contarnos nada.

Las alas que llevamos a la espalda y nunca usamos
se atrofian y duelen como si fueran algo ajeno
haciendo que nos encorvemos hacia la tierra
cuando deberíamos estar buscando nuestro lugar en el cielo.

Pero somos quienes recolectamos las hierbas
que crecen en los pocos días felices, y las prensamos
(solo una vez que el día ha pasado)
para guardarlas en bolsitas que infusionar después
en los días corrientes, para que así sepan también
a verano y a Roma, a pasiflora y a salitre, a alegría y a ocle.

Levántate y anda no es un milagro:
es el oficio de toda nuestra estirpe.

CANCIÓN DEL RINOCERONTE

Es hermosa la niebla en la mañana de Aluche
que no deja ver los edificios del centro ni la sierra.

Es hermoso el ladrido de Jacob en el rellano
y son hermosas las antenas orientadas a rutinarios satélites
y es hermosa la tienda de modas pasadas de moda de la esquina
y es hermoso el gesto de brazos caídos de los árboles
y el ruido de las zapatillas al arrastrarse por el pasillo.

Es hermosa la cuchara de madera para la miel
y el brillo turbio de la miel y su sabor dulce-amargo-dulce.

Es hermoso el olor a café recién hecho y a pan recién tostado
que se abre paso desde una cocina en la que nunca estuvimos
en casas de generaciones anteriores a la nuestra:
nuestros genes huelen a pan y café.

Es hermoso saberse aquí,
en el ínfimo instante de no estar en parte alguna,
moderadamente feliz y no desdichado, algo tan común.
Existente y no inexistente.
En el presente en lugar de en el no-presente
de las cosas que no volverán y de las que no llegarán
    nunca.

Aunque estando aquí estoy también en esos no-presentes
que un día se bifurcaron dejando atrás hoyes posibles
a cambio de este hoy. Todo es cuestión
de un cambio de postura, estar aquí o allí,
incluso en los allíes que no existieron nunca.
Sentir cómo hubiera sido en otro estar distinto de este
    mismo ser.
Y mientras tanto irme pero estar aquí, sin saber para quién.

Es hermosa la niebla de los lugares a los que nunca iremos,
donde somos quienes ya no seremos.
Es hermosa la señal que emiten y hace interferencias
con la emisión del presente,
dejándonos entrever a un tiempo
qué fuimos, qué no seremos, descodificar el ahora

como si no fuera más que una ecuación cuya única incógnita
es si el resultado es más yo o menos yo.

Es hermoso el sueño que tengo de otra vida paralela
en otra dimensión con otras leyes
y hermoso no saber, al despertar,
cuál es más real
ni cuál el basurero de la otra,
cuál la que la otra sostiene, la que me justifica.

Es hermoso el encorvado andar de los ancianos
y es hermoso el insoportable palique de las cotorras
en los árboles vecinos y es hermoso este instante
solo por ser este instante que ya no es
y es a la vez cuanto fue y no fue,
cuanto será y cuanto ya no.

Es hermoso el libro sobre la mesa del salón
que cita el primer texto budista:
«Camina solo como un rinoceronte».
Es hermoso recoger los hilos que el día tiende
y con ellos componer, delicada y exhausta,
nuestra canción.

Es hermoso caminar solo entre la bruma
sabiéndome tantos a la vez.
Soy una conversación de inexistentes.
Soy lo que queda de una infinidad de futuros
que viven su truncada existencia dentro de mí.
Es hermoso haber elegido tantas veces:
soy un cruce de cruces de caminos.

Es hermosa la niebla en la mañana de Aluche
que solo deja ver hacia adentro,
niebla en la que entrar es entrarse.

Como una multitud reconciliada,
camino solo entre la bruma
igual que un rinoceronte entre las ruinas
de un mundo suyo y no suyo.
Es hermosa la existencia.

LA CASA DEL ELLO

En lo más expuesto del acantilado
–¿y cómo llevarían ahí los materiales?–
está la casa. Pintada en gris, sus muros
se confunden con la roca. Imposible verla,
desde lejos: a veces piensas que es una gaviota
pero es solo un pedazo de cortina que vuela
a través del vidrio roto de una de las ventanas.
Ni siquiera los del pueblo saben de ella
y quien sabe, no lo dice. Ni una leyenda
sobre su construcción, nada.
Solo podrías llegar en marea baja: el camino
arranca en un recodo alejado de la playa.
Un tramo de escalera tallada con disimulo
y, oculto bajo las hierbas altas, un incierto sendero.
Junto a la puerta, bidones repletos de agua de lluvia
y un azadón apoyado contra la pared. Una bota desparejada
y una rueda de bicicleta. La puerta abierta chirría

rítmicamente, casi cómica. Dentro, platos sucios,
periódicos viejos, cuchillos gastados
sobre una mesa de madera y libros ilegibles en estantes,
borrados por la humedad. La cafetera puesta sobre el gas,
una cama deshecha. A lo lejos, muy,
un ladrido. Si te quedases un rato creerías entender
el idioma del viento. Y si te sorprendiera la tormenta…

Pero da lo mismo. Nunca irás a esa casa.

ROSCOE

A Suzanne Wedeking

Los gansos cruzan el cielo tocando su cómica trompeta,
los gatos gemelos juegan y ronronean,
las vacas traman sus filosofías
y el viento remueve pensamientos extraños.

Él cuenta cómo este invierno
los cardenales venían a alimentarse
en el comedero que cuelga del tejado
y el viento los columpiaba
como niños ateridos bajo la larga nieve.

«Sé que debo. Pero no quiero irme», repite.
No sabe el día exacto,
pero pronto su lugar será otro.

Sabe quién cuidará del ganado,
quién atenderá la cosecha,

quién velará por los gatos
y quién mantendrá la casa en pie.
Pero no es eso. Le avergüenza confesar
que son los gatos quienes le custodian,
que es el ganado el que vela su sueño,
que es la cosecha quien pone orden en sus días
y es la casa la que cuida de él.

UNA MANZANA PARA MARGARITA

Eres la historiadora de mi infancia
cuanto recuerdo de mi prehistoria
es gracias a tu lírica popular
aunque me gusta más saber
cómo era el mundo
cuando yo era todavía
un sueño disperso en semillas en río
en leche en ternero en azúcar en guadaña

Me gusta recordar tu canción
de la manzana Esa en la que te asomas
a una casa de la infancia al hueco
entre los tablones de madera
para ver la cocina en el piso de abajo
al que a veces por ese mismo hueco
caía una manzana

Hoy pienso en ella mientras me pregunto
a dónde querías ir
Tú que me enseñaste el nombre de todos los árboles
¿no sabes que no hay árboles más allá?
Tú que me dabas la mano para cruzar el río
¿no sabes que al otro lado de esa orilla no queda nadie?

Mientras la camilla te traía aquí
no habrás visto el cartel de la pared
con la frase del clásico *La salud*
no se siente la enfermedad sí

Por eso escribo poemas
para sentir la salud
para encender la luz
que una y otra vez el viento de la vida apaga

Para esto sirve el poema
para traer de nuevo aquella manzana
y atraparla antes de que caiga por el hueco entre los tablones
para contemplar satisfechos cómo brilla
con el pensamiento de que esta vez sí vas a morderla
y eso será suficiente

Tómala

NUESTRA SEÑORA DEL YERMO

No hay arena en el desierto
ni espejismo que valga

aunque a veces
sueño con alacranes

lo cierto es que
no hay desierto en el desierto

hay
girasoles desdeñosos

hay
un cuerpo que te tienta
y luego se rehúsa

sería un consuelo
encontrar el desierto en el desierto

oh Nuestra Señora del Yermo
concédeme tu ausencia
niégame la resurrección de cada día

védame el girasol
que es solo la quimera del girasol
otórgame el alacrán
que no promete nada

dame el desierto
o no sabré qué hacer con tanta sed

RELACIÓN DE REPARACIONES EFECTUADAS EN LA IGLESIA DEL BOM JESÚS DE BRAGA EN 1853 SEGÚN CONSTA EN LA FACTURA DEL MAESTRO DE OBRAS

RECOLOCAR una estrella caída.

Un gallo nuevo para San Pedro y pintarle la cresta.

Poner una piedra en la honda de David.

Dorar y poner plumas nuevas en el ala izquierda del Ángel de la Guarda.

Pendientes nuevos para la hija de Abraham.

Adornar el Arca de Noé.

Corrección de los diez mandamientos.

Renovar el cielo y lavar la luna.

Retocar el purgatorio y añadirle almas nuevas.

Avivar las llamas del infierno y varios arreglos a los condenados.

Limar las uñas del diablo.

YENDO A CASA DE XUAN BELLO CON UNAS SEMILLAS QUE LE TRAIGO DE PORTUGAL

Aquí me tienes, Xuan, subiendo otra vez
la cuesta de Siones camino de tu casa,
entre bardiales y manzanos, soñando,
quién sabe, que algún día
pudiera una de estas casas ser la mía,
y nosotros vecinos, como un tiempo.
Subo la cuesta a paso lento pensando
en aquella casa que vendiste, la de Uviéu,
que me dejaste y fue por eso un poco mía
(tan parientes tus libros de los míos)
y se me hizo raro perderla
del mismo modo que si lo fuera.
Pero nada es para siempre en estas vidas nuestras,
y por eso las dejamos, negro sobre blanco, como huellas
en la nieve que aspiran a la pureza
y apenas la manchan. Subo también, por eso,
pensando en tus poemas, y en Lucrecio,

quien decía: «Es difícil aclarar en versos latinos
los oscuros hallazgos de los griegos,
sobre todo cuando a menudo
tenemos que manejarnos con palabras nuevas
a causa de la pobreza de nuestra lengua
y la novedad de los temas». Sonrío al pensar
en cómo has sido tú capaz de poner en asturiano claro
las viejas dudas, haciendo manar ese otro latín nuestro
de una fuente silenciosa y primigenia.

¿Te acuerdas de aquellas noches de la amistad
que parecían no acabar, cuando siempre
acababas proponiendo tomar un taxi
para amanecer en Lisboa?
En Lisboa recuerdo aquella cena en el Bairro Alto
en la que se aclararon tantas cosas en mi vida
(dejándose uno hablar con un amigo)
que no tardarían en volverse oscuras; pero ¿acaso
no se enturbia siempre el agua que no corre? Y tal vez
aprender a vivir sea aprender la quietud en lo que
se mueve, o el movimiento en lo estable, como si todos
tuviéramos que ser viejos sabios chinos, o nada…

O tantas veces preparando *bacalhau com natas*. Tuya
fue la idea de añadirle manzana, lo reconozco:
la de cambiar las aceitunas por las pasas
sigo creyendo que fue cosa de Carmen,
pero qué más da, si todo
lo hacíamos entre todos,
y así lo seguimos haciendo, a nuestro modo.

Aquí tienes, Xuan,
las semillas que me pediste.
Con ellas te dejo mi esperanza:
que aquello que plantamos nos sobreviva
y siga creciendo, ya sin nosotros,
para otros.

ALFAMA

«Há um rio
ou um barco no rio
onde a luz é intensa
e de tanta luz nos olhos e água
com rigor se não sabe
se o barco vai vazio».

Daniel Maia-Pinto Rodrigues

Aquellos días deberían haber servido
para ponerme en orden: me sentía más que nunca
fuera de lugar, una verdadera crisis
de *estilo de vida*, demasiado solo,
sin alternativa a una vida que ya no me pertenecía.
Cada mañana me preguntaba: ¿esto era
lo que querías? Y me respondía: pues sí,
y con el mismo gesto de estupor me quedaba
ya todo el día. Me sentía como un san Francisco
cualquiera, diana de los rayos estigmatarios
que un ángel me lanzase desde el cielo
por pura diversión,
como en una tabla del Renacimiento.
Hacía tiempo que debería haber oído

sonar las alarmas, pero ¿quién hace caso ya
a las alarmas?

                       Alquilé una casa
en la rua da Oliveirinha. Las mañanas que había
mercado subía hasta Ladra: a menudo llovía,
pero nadie vendía paraguas.
Si siempre supiera lo que busco,
nunca encontraría nada verdaderamente.
Una vez me tropecé a Georges Braque
con la misma pinta que tenía en 1952.
Me dijo *Nunca tendremos reposo:*
el presente es perpetuo. Se vino conmigo al Chiado.
Antes estuvimos un rato jugando
con el Aparelho Metafísico de Meditação
de António Pedro. ¡Grande António!
Nos reímos mucho, y luego nos fuimos de librerías.
El fatalismo no es, como creemos, un estado pasivo,
decía Braque. El cuerpo me dolía a ratos de la misma
forma que la vida, como una postura incómoda.
En la Rua Nova da Trindade nos encontramos,
como en uno de los sueños de sus poemas, con Claude
    Roy.
Nos fuimos a tomar una cerveza al Adamastor.

Hablamos de Chejov y de Ortega.
Claude decía, usando un portugués perfecto: *Somos
personas muy bien informadas. No sé si tendremos
el hábito detestable de recibir noticias de la vida,
en lugar de vivirla.* Comimos *arroz de bacalhau*
en una tasca del Bairro Alto.

Hay ciudades en las que siempre es hora punta
de fantasmas: allí estaban Nathalie y Rosinda
en las Docas, hablando de cosas que habían ocurrido
hacía muchos años. Estábamos traduciendo
a Jorge de Sena en el mirador de São Pedro de Alcántara,
estábamos comiendo ostras antes de salir
corriendo hacia el hotel, estamos en la cama
y te digo que no quiero volver a verte nunca más.
Recuerdo más cosas, desde luego,
pero esto es lo que llega ahora,
como el olor que nos sorprende en la calle
y nos devuelve un rostro, otro paisaje, más vida.

Algunas veces quedaba con mujeres a través
de una página web de contactos: hay soledades
iguales a la nuestra en todos los lugares del mundo.

Cenábamos en sitios *fixe* y luego follábamos
sin mucho entusiasmo, mecánicamente.
A una de ellas, sin embargo,
me hubiera gustado conocerla más: naturalmente,
no se lo dije. A cambio me llevó al Oceanário.
Allí es fácil ver metáforas de uno mismo,
hermanarse con las medusas,
con los minúsculos peces luminosos.
No me turbaron ellos, sin embargo, ni pensar
en quien pensé al oír el canto de los pájaros tropicales,
ni siquiera ver dirigirse hacia mí los dientes del tiburón
—ese acercamiento lo siento desde hace tiempo,
lo he dicho ya; fue otro pez, enorme, lento, torpe,
fue sentir cómo giraba su ojo para mirarme
cada vez que pasaba a mi lado; él era yo allí,
si es que en todas partes tiene que haber alguien,
algo o algo-vivo que se nos parezca. Rita se dio cuenta,
me preguntó que si me encontraba bien. ¿Cómo
me voy a encontrar bien (debería haberle dicho)
si me paso la vida en un acuario en el que no hay nadie
igual a mí, en el que soy el más torpe,
el más feo, el único que no inspira temor ni afecto?
En cambio dije: *tudo bem*,

como a buen seguro hubiera dicho
mi amigo el pez luna.

Juliana de Norwich rogaba al cielo tres cosas:
contemplar la Pasión, una enfermedad corporal
y recibir tres heridas como don de Dios.
No deberían extrañarnos tales peticiones:
de nosotros sabemos apenas
aquello que ha sido puesto a prueba
y nunca sabemos bastante de nosotros mismos.
Te preparas para un dolor
pero siempre es otro distinto el que llega.
Aunque nosotros prefiramos contemplar
otra Pasión, y las heridas las busquemos
en lugares más cotidianos. Pienso en ese discípulo
de Leonardo (Boltraffio o De Predis,
no está muy claro) que pintó al Salvador
como si fuera una hermosa muchacha florentina,
tan turbadoramente bello como la más deseable
muchacha de Ghirlandaio.
                              Quizás
quería pedirle tres heridas, también.

Para evitar tomar decisiones hacía turismo.
En el Museu da Marinha pasé una media hora
ante la imagen del arcángel San Rafael que naufragó
en el primer viaje de Vasco da Gama a las Indias.
Rescatado de la mar océana ahí estaba, magullado,
roto, con esa extraña postura de quien busca el
    equilibrio
a bordo en un mar movido, agujereado
me miraba diciendo: lo mío sí que fue un naufragio,
pá, y aquí estoy. Un día se me metió algo en el ojo
y no conseguí sacármelo en todo el día,
era como ver por todas partes cuadros de Vieira da
    Silva.
Cuando pensaba que se me acababa el tiempo y debía
decidir algo, buscaba un pequeño almendro en flor
escondido en la rua Damasceno Monteiro.
En el Pois Café pasaba las horas de tregua.

La tragedia, me repetía, no tiene mérito. Una vez
que decides algo, lo que sea, su mecanismo
se pone inexorablemente en marcha.
Pantalones, televisores, amistades, amores,
todo se recambia porque nada se repara.

Alcanzamos la conciencia de nuestras carencias
pero ¿qué conseguimos en realidad?
No podemos saltar sobre agujeros negros
solo por saber dónde se encuentran.

Desde luego, pensé en el suicidio,
pero con menos convicción que antes de llegar allí.
Era natural hacerlo, una vez confirmada mil
y una veces mi total incapacidad para un cambio
radical. Pero me faltó tanto coraje como aburrimiento
me sobraba incluso para eso. Los sobres de azúcar
ponían un punto filosófico al café,
decían: ¿habrá más verdad que ser persona
entre la muchedumbre? Al lado, cómo no,
un retrato de F. P.

Nunca he sabido calcular los m² de una casa
ni los habitantes de una ciudad.
Las ciudades tienen el tamaño de los amores perdidos.
Cada casa en la que he vivido
medía tanto como mi soledad.

Cada mañana me acercaba
al mirador del Largo das Portas do Sol
para contemplar el amanecer
a esa hora en que la luz no te deja ver que hay otra orilla
e intentaba descifrar lo que esa imagen quería decirme.

ADULTO EXTRANJERO

La taquillera de este museo
tiene sus propias ideas sobre la identidad
y un solo vistazo
le ha bastado para clasificarte:
Adulto extranjero.

Nieva
sobre los manzanos en flor.
No eres el único
que confunde alegría y tristeza.

Vas de ciudad en ciudad,
de idioma en idioma,
de amor verdadero en amor verdadero
a sabiendas de que nuestro empeño
no ha de ser encontrar sentido,
sino crearlo,

y las imágenes que quedan
deberían ser signos, pero no entiendes
qué hacen aún aquí
los olivos de Korčula.

—Briznas de la tarde, sed mis riendas.

Único visitante
de este museo como tantos otros,
buscas con obsesión prefreudiana
imágenes luminosas, niñas que bailan,
muchachas saliendo
desnudas del mar,

esta inalcanzable paz matinal
de mundos en los que todo está ya resuelto.

ÚLTIMA LECCIÓN

Mi abuelo,
           que lo sabía todo del mundo,
que podía agarrar un relámpago de trucha con la
    mano,
que sabía silbar en lenguas para atraer a los jilgueros,
que conocía las horas en que se podía atravesar el túnel
sin peligro de encontrarse con un tren de frente,
que sabía cuándo envidar y cuándo callar,
mi abuelo que tumbó a un irlandés de dos metros
a coñacs, que se salvó de un tren que cayó al río,
mi abuelo que asaba las mejores castañas del mundo,
mi abuelo que me llevaba de la mano
a descubrir la tierra,
                        mi abuelo
confunde el día con la noche, duerme si hay sol
y en cuanto oscurece entra en una vigilia enloquecida,
abre puertas, enciende luces, despierta, grita,

y yo, acostumbrado a aprender de él,
me niego a creer que sea verdad
que ha perdido la cabeza,
y paso las noches abriendo puertas,
encendiendo luces, buscando desesperado
en todo esto una lección postrera
aterrado no sé
si por no encontrarla, o por entenderla.

RETRATO DE COPISTA

Caminar por un museo pequeño de un país pequeño
sin saber mucho de su historia:
por todas partes los mismos romanos,
las mismas momias robadas en el mismo Egipto,
raras turistas de la eternidad a su pesar,
los mismos dorados medievales, idénticos juicios finales,
este empeño en resaltar diferencias tan, tan pequeñas...

En el extranjero debes amar a una estudiante de historia
que te explique quiénes llevaban esas armaduras aladas
mientras en la silla de la vigilante de sala
duerme el crucigrama apenas comenzado
con tres o cuatro palabras que no comprendes.

Una muchacha copia minuciosamente
un cuadro mediocre con un paisaje bucólico.
En qué pensará, cavilo, mientras añade agua

al agua del arroyo, mientras desmigaja
el blanco de una nube, mientras cierra
la puerta de una casa en la que no entraré nunca.

Al descubrirme mirándola sonríe. Yo no le digo
que olvide su copia, que se venga conmigo,
que vamos a ponernos las armaduras aladas
para conquistar países de dentro
y de lo alto y de luego, y me voy

              Ir
                  ir
cualquier cosa menos quedarse o volver

dejando atrás a toda prisa paisajes, momias,
capiteles, armaduras aladas,
contagiado sin remedio de este tiempo
tan vulgar, alérgico a cualquier épica.

LEYENDO EL PERIÓDICO EN VOZ ALTA

A Luis Muñoz

El mundo podría ser solo un gigantesco holograma.
Destituida la directora del museo que expuso una rana
    crucificada.
Xuxa demanda a una revista que la acusó de pactar con el
    diablo.
La CIA obtiene información de líderes tribales afganos a
    cambio de Viagra.

«Sí, hay una generación que folla poco».
«Cuando podamos crear vida no sabemos cómo evolucionará».
«No se puede andar siempre con *verdis* y *puccinis*».
«Las vacas serán más tranquilitas que los cadáveres».
Roger Federer: «Ahora soy más hombre».

El Vaticano afirma que los curas no son pedófilos, sino
    efebófilos.
Gorbachov saca un disco romántico.

Obama también mata moscas.

Demuestran que la Tierra no está en el centro del universo.

Secuestrado un experto antisecuestros.

«Los torturadores nos ponían discos de Julio Iglesias».

Maradona: «El agua caliente ya está inventada».

Científicos estadounidenses confirman la existencia del
amor verdadero.

El telescopio Herschel descubre una estrella imposible.

¿Sabe montar en burro Angelina Jolie?

¿De qué están hechas las estrellas?

¿Dónde están los naranjos de Granini?

Encuentran el Paraíso Perdido.

Auschwitz necesita reformas.

Estafa al karma.

Ayutthaya, testigo de una edad dorada.

BIRKENAU EN DICIEMBRE

Ni siquiera ha nevado
para que nosotros,
los turistas de la conciencia,
alcancemos con facilidad
la suprema compasión.
Al menos
tampoco está la primavera
para desubicarnos
con un contraste poético,
algo es algo, solo hay cuervos
y políticos
con flores blancas en la mano.

Si a alguien se le ocurre
la idea del infierno
sucede que un día
otro,

menos dotado para la alegoría,
acaba por construir su puerta,

y tras la entrada
sitúa ángeles descarriados
para que separen en dos filas
a quienes sirven
y a quienes no sirven
al proyecto del Gran Calculador:
no los buenos y los malos,
tan solo los aprovechables
para el trabajo sucio
y los que ni para eso,
al fin y al cabo esto es el Infierno,
construido según
la normativa vigente
al respecto,
el cielo queda afuera,
por fin limpio,
la pureza ya puede
multiplicarse a gusto—

les desprenden de todo,
la ascesis debe ser completa:

maletas a un lado,
ya servirán
para los viajes de otros,

gafas, cepillos,
cabellos con los que hacer
chaquetas para otros.

Las vidas a un lado,
no se reciclan las vidas—

Take your time, dice el guía,
yo les esperaré afuera, prefiere
la compañía de los cuervos
al hedor de nuestras conciencias
que duermen mientras pensamos
«lo imaginaba más grande»,
mientras nos impresionamos
de no impresionarnos
como esperábamos.

Somos, ya se sabe,
contemporáneos
del desorden,
contradictorios,
fragmentados,
con derecho al capricho.

Si en verdad aquel murió,
como dicen,
en la cruz por nosotros,
por quién murieron estos,
de qué nos liberó su muerte,
quién va a creer en ellos,
qué infierno ideal se construirá
usándolos como excusa
para que lo haga real quién y cuándo—

Es hora de volver al autobús,
en la radio suena
«Wonderful life»
y nuestra guía sonríe
mientras ofrece las excursiones
del día siguiente,

la ruta comunista,
minas de sal, vodka, bisontes,

todo dice
«nada importa nada»,
probablemente
en una de esas vallas publicitarias
cuya lengua no entendemos
la joven en sujetador nos diga
«El Gran Calculador
les agradece su mala conciencia.
No es necesario
que hagan nada más»—

El gas descendió
sobre sus cabezas
y tenía la misma forma
que el espíritu santo.

GIANICOLO

A Abraham Gragera

¡Qué claras se escuchaban vuestras voces
en las escaleras del Monte Aureo! El susurro
de las hojas acompañaba vuestras palabras,
y ni una sola era distinta a las de entonces.
Por aquí pasábamos cada día
sintiendo aquella intensidad en el aire
como si de pronto hubieran cambiado
las proporciones de oxígeno y nitrógeno
y todo fuera más intenso, alucinado,
veloz, importante, carnal… Por aquí
bajábamos cada noche con los versos
de Hölderlin en la cabeza: «Que una vez
viví como los dioses…» pero no basta.
La vida de un mortal es demasiado larga
como para conformarse con «una vez»,
y siempre quiere más. Muchos años
han pasado. Los niños aprenden sin darse

cuenta algo de la vida viendo los guiñoles,
como entonces. Los viejos se tumban al sol
en las hamacas que ellos mismos han traído
y se abrazan. Los jóvenes follan en los coches
aparcados un poco más allá. En un banco de piedra
alguien ha hecho una pintada: «*Guarda il destino.*
Splendido per noi». De la ladera viene un olor
a lavanda, el siglo XX duerme junto a los demás
cadáveres, allá abajo, y podemos por un rato
permitirnos poemas paisajísticos. Sé tú,
siglo XXI, la oveja blanca de este rebaño,
sé tú el cauto, sé tú el piadoso.

ABANDONAR UNA ISLA

A Erich Hackl

Unos niños corren tras la pelota,
de alguna forma al mirarlos corro con ellos,
sonrío y si alguien me preguntase: *¿Qué te falta?*,
una sola palabra sería la respuesta.

Cuanto podía esperar, la isla me lo ha dado:
la amistad de unos pocos y el alcohol feliz de sus sonrisas,
la calma a menudo y el ardor siempre que lo he pedido.
Puede que haya faltado el amor, pero no el sexo;
no siempre he comido manjares,
pero nunca he echado en falta qué llevarme a la boca.
No diré que haya sido feliz, pero no he sido desdichado.

Tantas veces marché de la misma manera
que con gana me río de quien dice que no es posible
huir de uno mismo. Cada vez que regreso

encuentro los restos del que hubiera sido,
y quién sabe cuál es el norte verdadero.

Limpio la jaula del canario, aunque ya no hay canario.
Me quedo dormido media hora y luego otra media,
ya es hora de marchar. Tres y cuarto de la madrugada.
Nubes negras en las montañas de mi infancia: ¿para quién?
Tormentas de polvo sacuden todos los lugares en que he
    estado.
Soy un árbol, no una roca; es cuanto de mí necesitas saber.

Adiós, isla; hola, Isla.

CAFFÈ GOTICO

Via della Stelletta

Soy un animal propenso a la elegía. Debe de existir
alguna taxonomía que me clasifique. He aquí
el mantra silencioso del Pantheon desde hace siglos,
he aquí las palmeras felices del Gianicolo,
he aquí el oro del otoño romano. Tengo en el cuerpo
aún la mirada de la mujer de ayer en el caffè Gotico
como una invitación a intercambiar
las generalidades animales. El tiempo es una cuchilla
y rasga el aire del día, trae otra ciudad:
tú y yo en el mismo lugar. La elegía comienza.
Veníamos de la Via dei Portoghesi,
el corazón abierto sin anestesia.
Tantas cosas han cambiado desde entonces.
Se congeló el agua en las fuentes,
se descongeló y volvió a manar, sucia.
Ahora tengo todo cuanto deseo. Pero también

algo que no quiero y me persigue:
me tengo a mí, todo cuanto ya no tengo.
Solo soy los que ya nunca seré.

EGY VILÁG

A Marcos Tramón

CAMINABA por el campo
fumando, muy calmadamente, un puro,
con un abrigo y un sombrero negro. Y había
flores, flores de esas que soplas y se esparcen
al viento. Y muchachas, había muchachas
hermosísimas vestidas de tul que danzaban
y me ofrecían más flores. Y yo no las veía.
Y había un río culebreando entre los setos.
Y árboles de frutos incendiados,
y mil caminos al sol de agosto,
y moras por recoger,
y más muchachas, desnudas, aguardándome
en un prado vacío. Y yo no las veía.

SUSANA VE PASAR LOS BARCOS

A Susana Reisz, en Roosevelt Island

SUSANA ve pasar los barcos cada noche
Ella está sentada frente a su ventana
escuchando a los héroes de Haendel
en la voz de Andreas Scholl
mientras su memoria le dicta insomne
No estamos hechos de las cosas que recordamos
Estamos hechos de cuanto no conseguimos olvidar
Y ve pasar los barcos Cada noche ve pasar los barcos

Barcos que no sabe a dónde irán
Barcos que tal vez sean los mismos cada noche
Barcos insomnes Barcos centinelas

Susana ve pasar los barcos como preguntas
No dejan estelas Dejan signos de interrogación
Susana ve pasar los barcos como días
No dejan cicatrices Pero sí el dolor de las cicatrices

Cicatrices que ya no se recuerda de qué golpe fueron
Cicatrices que tal vez ni siquiera fueran nuestras
Cicatrices memoriales Cicatrices que son fuentes

Susana ve pasar los barcos cada noche
No les hace ningún gesto Pero a su modo los despide
Les dice *Salúdenme a quien ya no conoceré*
Denle recuerdos a aquella que fui

Susana sabe que los barcos no la escuchan
pero se llevan sus saludos que no llegarán a su destino
que acabarán en algún lugar del que todo lo ignora

Susana ve pasar los barcos Cada noche ve pasar los barcos

LA TUMBA DE LI BAI

A Chechu García

A<small>L</small> pie de la Montaña Verde En el distrito de Tang-T'u
Al este de la provincia de Nganghuei está la tumba de Li Bai
Nunca he estado allí (aunque no quisiera morirme sin hacerle
una visita a ese viejo amigo) pero Huang King-Jen
(*poeta vagabundo* según los eruditos y descendiente
de Huang T'ing Kien que sabía que un buen tañedor de cítara
y un público agradecido son raros como la flor del árbol
    udumbara
que solo aparece una vez en este mundo) estuvo allí
Su visita nos la cuenta en un poema que no nos está dirigido
pues le habla a él *En la edad en que anudamos nuestros cabellos*
leí tus poemas le dice *y hoy he venido a visitar tu sepultura*
Habla de la brisa que acompaña a la corriente de un arroyuelo
Le dice *Muerto, no estás muerto* y le recuerda aquella noche
cuando borracho a bordo de una barca en el centro de un lago
quiso abrazar la luna y se precipitó hacia lo más hondo de las
    aguas

165

y de las tinieblas Convirtiendo su muerte en otro poema

He cerrado el libro pero los versos de Huang Kin-Yen
 seguían dentro de mí

Y cómo no también los del viejo Li Bai He llenado mi
 copa hasta el borde

Luego me ha parecido estar frente a su tumba y recité
 sus versos

en voz alta para mí y para la luna *Las copas de jade*
 brillan como ámbar

Es el licor de La Ling Mi anfitrión se empeña en
 emborracharme

para ahuyentar la nostalgia de mi tierra

Pero mi única nostalgia ahora

es la del camino de la Montaña Verde De un lago bajo
 la luna

y del vino compartido con amigos

cualquier noche de nuestra noche eterna

ÁRBOL DESCONOCIDO

Dónde estás, árbol desconocido,
dónde tu sombra que habrá de cobijarme
un día lejano que aún no entreveo,
en qué hora, a la orilla de qué camino
que mi esperanza no alcanza a imaginar.

Habrá un segundo que resumirá todos los días,
un intervalo de luz en medio de las sombras,
un arroyo que cruzará la noche
y no será el río que atraviesa el sueño
llevándose lejos los despojos de las horas.

Hay un árbol que me espera para darme su sombra,
un segundo de paz al que llegaré para refrescarme,
una corteza en la que estará grabado mi nombre
y ninguna fecha.

¿Quién conoce el camino que lleva a ese instante único?
¿Quién la única sombra que cobija y no amedrenta?
¿Dónde está ese camino? ¿Dónde esa sombra?

Hay un árbol que busco y un árbol que me espera.
Incierto me dirijo hacia ese árbol y esa hora.
Ignoro el destino exacto y el camino.
Pero un día llegaré. Y ese anhelo me salva.

ÚLTIMO POEMA

«Où veux-tu fuir?
Le fantôme est dans ton coeur».

JEAN-JACQUES ROUSSEAU

HABRÁ quien aún crea que es posible huir;
cruzar el cabo de Buena Esperanza,
si es que el alma tiene uno.

Marchar de esta inhóspita ciudad del norte
donde las únicas estrellas que brillan
son las lámparas de los insomnes.

Habrá todavía quien quiera escuchar
la música silenciosa de los bosques de Finlandia.

Habrá quien codicie oír el sonido embriagante de las monedas
cayendo en las máquinas del casino de Macau.

Habrá quien quiera sentir en su boca las sílabas
de la lengua más dulce, la lengua portuguesa.

Habrá quien desee enamorarse
del acento de una mujer desconocida.

Habrá quien esté dispuesto a hacer
promesas terribles que no cumplirá nunca.

Habrá quien anhele despertar en un cuarto extranjero.

Habrá aún quien espere lo imposible.

Ahora que los libros han perdido su luz
lo mismo que los rostros y los caminos.

Ahora que ya nada importa.

¿A dónde pretendes llegar? ¿A un palacio
de jade? ¿A una montaña de luz?

¿A dónde quieres huir?
El fantasma está en tu corazón.

EN UN LIBRO DE OJĀRS VĀCIETIS

MARAT me envió desde Moscú este libro
y una carta que hablaba de mañanas y cafés,
de Maria y de aquel invierno.
Otra mañana fría, como aquellas
que compartimos, tras leer
algunos poemas de Vācietis
se me cayó el libro al suelo;
entonces, en el reverso
de la sobrecubierta arrancada
aparecieron unos versos manuscritos
y, debajo, las iniciales de Marat.
Y son un pequeño tesoro
estos versos que no entiendo,
algo que le añade al libro
un toque parecido al que le da
un trocito de limón
de una tierra del sur donde nunca estuviste

(pues existe solamente en el poema)
al té de un poema de Vācietis;
unos versos tras los que juego a adivinar
alguna reflexión orteguiana
(a Marat le gustaba mucho Ortega)
o una sencilla y terrible historia de dos;
unos versos que encierran como un símbolo
todo aquello que, aun sin entender, amo.

CAFÉ LUXEMBOURG

A Javier Almuzara

El parque ya ha gastado las monedas
que dejó el otoño. Pronto
la hojarasca será solo un recuerdo,
el día un breve descanso
entre una noche y otra noche.
Ya se ha desvanecido la ebriedad de palabras
con que recibimos la tarde,
aquí mismo, con un café,
los versos de los viejos poetas chinos
y el recuerdo de otras ciudades.
Tan solo queda la melancolía.
Sé que será inútil intentar
no entristecerse ahora,
pero también que será breve,
que, como todo, la tristeza es pasajera.

Un hombre barre las hojas.
Como el de nuestras vidas,
su oficio es un vano intento
de borrar el pasado; el resultado, solo
haber facilitado el camino al invierno.

ÍNDICE

ÁBRETE, SÉSAMO
(2024)

Y EL TODO QUE NOS QUEDA
(2023)

EGIPCÍACO
(2021)

GÓTICO CANTÁBRICO
(2017)

LA ETERNA CUALQUIERCOSA
(2014)

ADULTO EXTRANJERO

(2010)

GAJOS

(2007)

MÁCULA

(2002)

LA EMBOSCADA
(1999)

TRAVESÍAS
(1996)

Ábrete, sésamo.
Poemas nuevos y escogidos (1994-2024)
de MARTÍN LÓPEZ-VEGA,
terminó de imprimirse
el 9 de enero de
2025